小学校の先生のための
英語基本フレーズ
400

愛知教育大学
外国語教育講座 編著

はじめに

■本書のねらい

2011 年度から実施された、いわゆる「小学校英語」は 2020 年度に大きな進展がありました。5、6 年生で教科としての外国語科が開始され、従来 5、6 年生で実施されていた外国語活動が 3、4 年生での実施となりました。それにより、小学校教員にとって英語力向上の必要性がますます高まっています。小学校教員の養成課程を持つ愛知教育大学では、この状況を踏まえて英語や英語教育の授業を日々行っていますが、その中で、小学校の先生が英語をより身近なものにできるような教材が必要だと考えました。そこで目指したのは、英語の授業で使う表現はもとより、他教科の授業、学校行事、学校生活など、先生や児童にとって身近な日常の場面に関する表現をコンパクトにわかりやすくまとめた一冊です。また、小学校教員を目指す学生も現職の小学校の先生も、英語が得意であったり、専門的に勉強している人ばかりではありません。苦手でも自信を持って英語を教えることができるようになってもらえることを願い、教員養成系大学で小学校英語関連を教えている教員並びに附属小学校で英語授業を実践している教員が協働して本書を執筆しました。

■本書の特色①：
授業で使いやすい、基本のClassroom English

本書は 2 部構成です。Part 1 では外国語活動・外国語科の授業で使う表現、いわゆる「教室英語（Classroom English）」を扱っています。本書に収録しているフレーズは、授業の始まりから終わりまで、授業の流れに沿う形で場面ごとに使用頻度の高いものを厳選しています。また、ALT との協働の機会が増えてきた状況を踏まえ、授業内に限らず授業前後での ALT とのやりとりに使えるフレーズも掲載しています。加えて、「ほめる・励ます」といった授業以外での汎用性の高いフレーズについても、様々な表現を多数掲載しています。

■本書の特色②：
実用的な英語に近づくSchool English

Part 2 では小学校生活に関する英語（School English）を扱っています。このパートの最大の意義は実用性です。例えば、海外の人と話をするとき、児童や小学校教員にとって学校の話題は避けて通れず、英語でどのように言うかを知ることでコミュニケーションが促進されます。また、子どもの好奇心を満たすこともこのパートの目的です。身の回りのことをどのように英語で表現するか、児童に尋ねられた経験のある先生は多いのではないでしょうか。教師がその知的好奇心を満たすことで児童の学習意欲は高まります。これは、近年小学校英語への導入を目指して注目されている CLIL（Content and Language Integrated Learning）という、学ぶ内容とことばが統合される学習方法に通じます。CLIL の目標は、学習内容を英語でも思考し意思疎通ができること（笹島・山野, 2019）であり、その利点として、児童の知的好奇心の喚起や、英語を英語で理解できるようになることなどが挙げられます（柏木・伊藤, 2020）。School English は教科内容だけでなく、学校生活全般を含んでいますので、CLIL をさらに発展させたものになると思います。

上記の特色に加え、本書の各フレーズには、類義・関連表現、文化背景や気をつける事項の解説がされていますので、フレーズを中心とした英語の表現力を高めやすくなっています。

最後になりましたが、本書の出版にあたり様々な方々にご支援いただきました。とりわけ、小学校英語に造詣が深く、企画を共に立ち上げ、構想段階でご協力を賜りました元同僚 Anthony G. Ryan 先生、作成の全てのプロセスで貴重なご助言やご支援を賜りましたアルク社の平野琢也氏と市川順子氏に感謝申し上げます。

編集・執筆者代表
愛知教育大学　田口達也　小塚良孝

[参考文献]
・柏木賀津子・伊藤由紀子（2020）『小・中学校で取り組むはじめての CLIL 授業づくり』大修館.
・笹島茂・山野有紀（編）(2019)『学びをつなぐ小学校外国語教育の CLIL 実践:「知りたい」「伝え合いたい」「考えたい」を育てる』三修社.

CONTENTS

はじめに ……………………………………………… **002**

本書の構成と使い方 ……………………………… **006**

イラスト図解1 School Facilities [学校施設] …… **008**

イラスト図解2 Classroom [教室] ……………… **010**

英語の授業の流れを知ろう／

　英語での授業を成功させる6つのコツ ………… **012**

教材用音声について …………………………… **014**

Part 1 ／ Classroom English 教室英語

1. 英語の授業

Unit 1 　授業開始時のあいさつ ………………………… **016**

Unit 2 　歌の活動 …………………………………………… **020**

Unit 3 　復習 ………………………………………………… **024**

Unit 4 　テーマ・授業導入 ………………………………… **028**

Unit 5 　活動指示①：移動 ……………………………… **032**

Unit 6 　活動指示②：学習活動説明① ………………… **036**

Unit 7 　活動指示③：学習活動説明② ………………… **040**

Unit 8 　活動指示④：ペア・グループ活動 …………… **044**

Unit 9 　活動指示⑤：順番確認 ………………………… **048**

Unit 10 活動指示⑥：ゲーム説明・得点／勝敗確認 … **052**

Unit 11 活動指示⑦：時間 ………………………………… **056**

Unit 12 宿題確認・授業終了時のあいさつ …………… **060**

Unit 13 ALTとの会話①：出迎え ………………………… **064**

Unit 14 ALTとの会話②：授業前後の打ち合わせ …… **068**

Unit 15 ALTとの会話③：授業中の対話 ……………… **072**

Quick Review …………………………………………… **076**

2. こんなときはこう言う

Unit 16 ほめたたえ・励まし ……………………………… **078**

Unit 17 理解確認・聞き返し・発言促し ………………… **080**

Unit 18 注目・集中・注意 ………………………………… **082**

Unit 19 手伝いの求めと申し出・配布と回収 ………… **084**

Unit 20 感謝・謝罪 ………………………………………… **086**

Quick Review …………………………………………… **088**

Part **2** ／ School English 学校生活英語

3. 学校の一日

Unit 21 朝の会・帰りの会 ／ Word List ·········· 090
Unit 22 時間割・授業科目①：国語、社会 ／ Word List ·········· 096
Unit 23 時間割・授業科目②：算数、理科 ／ Word List ·········· 102
Unit 24 時間割・授業科目③：音楽、体育 ／ Word List ·········· 108
Unit 25 時間割・授業科目④：図工、家庭 ／ Word List ·········· 114
Unit 26 給食の時間 ／ Word List ·········· 120
Unit 27 掃除の時間 ／ Word List ·········· 126
Unit 28 学級会・委員会・クラブ活動 ／ Word List ·········· 132

Quick Review ·········· 138

4. 学校の一年

Unit 29 入学式・始業式 ／ Word List ·········· 140
Unit 30 季節の行事 ／ Word List ·········· 146
Unit 31 運動会・合唱コンクール ／ Word List ·········· 152
Unit 32 遠足・校外学習・修学旅行 ／ Word List ·········· 158
Unit 33 健康診断・身体測定 ／ Word List ·········· 164
Unit 34 避難訓練・交通安全教室 ／ Word List ·········· 170
Unit 35 終業式・卒業式 ／ Word List ·········· 176

Quick Review ·········· 182

INDEX ·········· 183
執筆者一覧 ·········· 214

本書の構成と使い方

● 本書は、小学校の英語の授業で使える実践的なフレーズを掲載した Classroom English（Part 1）と、学校生活を英語のフレーズに置き換えアウトプットの機会を増やす School English（Part 2）にわかれています。

● **Part 1 Classroom English 教室英語**：基礎力をつけたい人はまず Part 1 の教室英語をしっかり覚えることから始めるとよいでしょう。英語の授業の流れをイメージしながら繰り返し覚えましょう。

● **Part 2 School English 学校生活英語**：会話力を伸ばすには、身近な事柄を英語にしていくのが近道です。Part 2 は、学校生活をまるごと英語に置き換えて、疑似的な英語環境が作れるよう構成されています。そのような英語環境で教員をしている姿をイメージしながら、学びましょう。慣れてきたら繰り返し声に出し、語彙力や表現の幅を広げてスピーキング力アップにつなげましょう。

Part 1／Part 2共通

トラック番号

Key Phrases

各 Unit の 1 見開き目では、Unit のテーマに沿ったフレーズが、10 フレーズずつ掲載されています。
Key Phrases と解説に目を通したら、音声を聴き、ポーズで英文をリピートしましょう。

英語Q&A

授業の実践に関することから小学校英語にまつわることまで、英語に関するさまざまな疑問に答えます。

・フレーズを口に出すときは、児童へ語りかける姿をイメージし、なるべくゆっくり、はっきりと発音するといいでしょう。
・School English は、教員の英語力とアウトプットの向上に重点を置いているため、児童への語りかけにはやや難しい文や、なじみのない単語が含まれています。語りかけには無理のない範囲で活用するのがよいでしょう。フレーズは、基本英文法や頻出慣用句を押さえながらもなるべくシンプルな英語で言えるよう構成されています。聴き流しや音読などで日ごろから英語に触れる習慣をつけ、英語のブラッシュアップに役立てましょう。

・Part 1 の Unit 16-20 は、「こんなときはこう言う」と題し、「ほめたたえ・励まし」「感謝・謝罪」など、さまざまな場面で使える表現を各 Unit 20 フレーズずつ紹介しています。(Unit16-20 は Exercise のダイアログ練習はありません)

Exercise

Key Phrases で学習したフレーズを、先生❶と児童Ⓢ（または ALT Ⓐ）のダイアログ形式で練習します。

※❶= Teacher、Ⓢ= Student、Ⓐ= ALT の略

1. Key Phrases で覚えたフレーズの穴埋めをしながら音読し、定着度を確認します。わからなかった単語は前のページで確認しましょう。
2. 穴埋めがひと通りできたら音声を聴き、ポーズで英文をリピートしましょう。

答えてみよう

自分で考えて英語を話すミニレッスンです。各 Unit で学んだことに関する質問が、英語で出されます。Unit で学んだ表現を参考にして、自分なりの言葉で答えてみましょう。自分で文を作るのが難しければ、まずは解答例を音読するだけでも構いません。使えるフレーズや言い回しを覚え、少しずつ英語で文を作ることに慣れていきましょう。

トラック番号

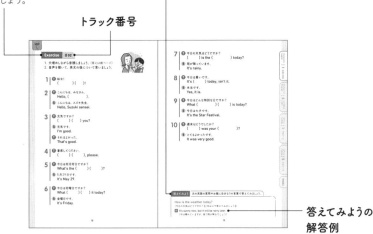

答えてみようの解答例

Part 2のみ

トラック番号

Word List

Part 2 では、各 Unit の最後にその Unit に関連する単語を紹介しています。左ページに日本語、右ページに英語が掲載されています。まず日本語を見て英語を考えてから、右ページの英語を確認しましょう。その後、音声の後のポーズで単語を言ってみましょう。

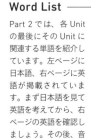
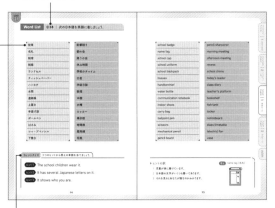

3ヒントクイズ

3ヒントクイズとは、3つのヒントから何について話しているかを当てるゲームのことです。各 Unit の終わりに、Word List の単語を使った3ヒントクイズを掲載しています。ヒントを参考に答えにあたる単語を英語で答えてみましょう。

慣れてきたら3ヒントクイズのエクササイズを参考に、自分で3ヒントクイズを作ってみましょう。作るのが難しい場合は、動物や食べ物などの名詞で、作りやすそうな単語からチャレンジしてみるとよいでしょう。

学校施設に関する単語を確認しましょう。

放送室
broadcasting room

教室
classroom

音楽室
music room

図書室
library

保健室
school nurse's office

手洗い場
hand-washing area

玄関
entrance

花壇
flowerbed

ブランコ
swing

ジャングルジム
jungle gym

サッカーゴール
soccer goal

校門
school gate

校舎
school building

理科室
science room

準備室
science prep room

体育館
gym

図工室
arts and crafts room

家庭科室
home economics room

校長室
principal's office

職員室
teachers' room

階段
stairs

廊下
(school) hallway

雲梯
monkey bars

運動場
playground

プール
swimming pool

すべり台
slide

男子トイレ
boys' bathroom

女子トイレ
girls' bathroom

Classroom

教室にあるものを表す単語を確認しましょう。

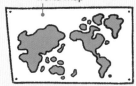
世界地図
world map

テレビモニター
TV monitor

ノートパソコン
laptop

教卓
teacher's desk

ものさし
ruler

カーテン
curtain

三角定規
set square / triangle

コンパス
compass

ゴミ箱
trash can

ランドセル
school backpack

タブレット
tablet computer

英語の授業の流れを知ろう

小学校の英語の授業の流れを確認しましょう。学習内容や教師によって多少の違いはありますが、1 コマ（45 分）の基本的な流れは大きく 3 つの段階にわけることができます。以下、各段階の活動と本書の関連 Unit を紹介します。また Unit 13 〜 15 では、ALT（Assistant Language Teacher）との協働のための流れも紹介します。

1 ウォームアップ （⇒Unit 1〜3）

「ウォームアップ」はその日の授業の雰囲気を決定づける段階です。子どもたちの緊張をほぐし、学習動機づけの土台を構築します。始めの「あいさつ」では、日付、曜日、天気等を子どもたちに英語で尋ねます。次の「歌」では、声を出したり身体を使ったりします。そして、前時までに学んだことを「復習」することで、子どもたちの理解度や定着度を確認し、不十分な点を補強することで、その日の学習に取り組む準備をします。

2 導入と展開 （⇒Unit 4〜11）

「導入と展開」は、その日の授業の核になる段階です。「導入」では、授業のめあてを提示することで、子どもたちにその時間に行う活動の狙いや必要性を理解させるとともに、新しく学習する表現や語句、トピックなどについて、子どもたちの興味を掻き立てます。その後の「展開」では、導入された学習内容についての理解を深めさせ、さらには定着を図ります。この段階では、ゲームを含む様々な活動を通じて、また、教室内を移動したり、ペア・グループワーク等をしながら学習します。

3 まとめ （⇒Unit 12）

「まとめ」はその日の授業における学びの確認をし、次の授業に向けての意欲と期待を高める段階です。学習内容のさらなる定着を目指して宿題等の指示を出したり、その日の学習を振り返って、内容確認をするだけでなく達成感を得られるようにもします。

ALTとの協働 （⇒Unit 13〜15）

ALT を出迎え学校を紹介することで、協働に向けての環境を整えます。授業前の打合せでは、その日の授業の目標と学習表現、また、授業の流れと互いの役割について明確にします。授業中は、言語モデルや異文化理解の提供者として、また、T2 として連携をします。授業後は、その日の授業の評価や次の時間に向けた準備について話をします。

英語での授業を成功させる6つのコツ

英語を話すことに慣れていないと、英語での授業に気後れするかもしれません。ですが、以下の6つのコツを意識すれば大丈夫です。誰でも英語で授業ができるようになります。

1 自信をもって堂々と

英語が母語でない人が英語の間違いをするのは自然なことです。間違いをしても、次回に気をつけることで私たちは成長します。間違いを成長の糧とみなし、失敗を恐れず自信をもって堂々と話すようにしましょう。

2 発音は気にしない

英語は世界で使われ、非母語話者同士が英語で会話することもまれではありません。通じないほど発音がいつも間違っているならば問題ですが、些細な発音の違いは気にせずに、わかりやすさを優先して積極的に英語を話すようにしましょう。

3 子どもの間違いを訂正しすぎない

英語を話す雰囲気作りをして子どもたちが英語を話し始めても、間違いを訂正されてばかりだとやる気がなくなってしまいます。人によって度合いは異なりますが、間違いが気になるときは、さりげなく正しい表現で言い返すなどにとどめておき、むしろ、積極的に話したことをほめてあげましょう。それによって、さらに英語を話すことに抵抗がなくなって英語が好きになり、英語の雰囲気を維持することができます。

4 非言語コミュニケーション「も」使う

私たちの意図や考えの伝達は言葉だけで行われているわけではありません。声の大きさや口調、表情やジェスチャーなどの非言語的要素も使われます。そのため、言葉で説明をすることも大切ですが、非言語的要素「も」駆使して授業を行いましょう。さらには、伝える内容によっては実物（realia）も使うようにするとよいでしょう。

5 イメージトレーニングをする

授業中だけ英語を話すようにしても、口からすらすら英語が出てくるようになるわけではありません。日々の練習も大切ですが、授業前に頭の中で自分が授業中に英語を話すリハーサルやイメージトレーニングをするように心がけてみましょう。

6 必要な表現から始める

最初から授業のすべてを英語で行おうとすることは大きなストレスにつながります。必要なところで無理なく少しずつ英語を使うことを心がけましょう。そのためには、まずは本書の Part 1 Classroom English（教室英語）で使われる基本フレーズを覚えることが近道になります。教室で何度も使うことで自然に覚えることができます。

これらのコツを実践して、子どもたちだけでなく
先生も一緒に英語を楽しむ授業を作っていきましょう。

教材用音声について

本書のすべての音声はダウンロードでお聴きいただけます。

▶ パソコンでダウンロードする場合

下記の「アルク ダウンロードセンター」にアクセスの上、画面の指示に従って音声ファイルをダウンロードしてください。

https://portal-dlc.alc.co.jp/

（本書の商品コードは 7024026）

▶ スマートフォンでダウンロードする場合

右の QR コードから学習用アプリ「booco」をインストール（無料）の上、ホーム画面下「さがす」から本書を検索し、音声ファイルをダウンロードしてください。

（本書の商品コードは 7024026）

詳しくはこちら：https://booco.page.link/4zHd

QR コードを読み取って
booco を
インストールしよう！

▶ 記号の意味

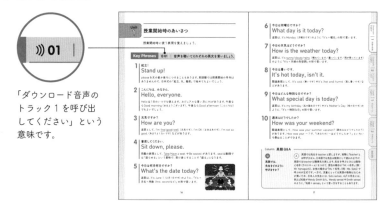

))) 01

「ダウンロード音声の
トラック 1 を呼び出
してください」という
意味です。

Part 1 / Classroom English
教室英語

1. 英語の授業

Part 1 では、主に英語の授業で使うフレーズを紹介します。これらは授業を行う上で基本となりますので、意味を確認しながら練習しましょう。このセクションでは、授業の流れに沿ってフレーズが練習できるようになっています。

授業開始時のあいさつ

授業開始時に使う表現を覚えましょう。

Key Phrases 》》01 | 音声を聴いてそれぞれの英文を言いましょう。

1 | 起立！
Stand up!

please を文の前か後ろにつけることもあります。英語圏では授業開始の号令はありませんので、日本式の「起立、礼、着席」で始めてもよいでしょう。

2 | こんにちは、みなさん。
Hello, everyone.

Hello は1日のいつでも使えます。カジュアルな言い方にHiがあります。午前ならGood morning（おはようございます）、午後ならGood afternoon（こんにちは）でもよいでしょう。

3 | 元気ですか？
How are you?

返答として、I'm <u>fine</u>/<u>good</u>/<u>well</u>.（元気です）、I'm OK.（まあまあです）、I'm not so good.（あまりよくないです）などがあります。

4 | 着席してください。
Sit down, please.

同義の表現として、<u>Take</u>/<u>Have</u> a seat. や Be seated. があります。seat は動詞では「座らせる」という意味で、受け身にすることで「座る」になります。

5 | 今日は何月何日ですか？
What's the date today?

返答は、It's June 1.（6月1日です）のように、「It's ＋月名＋序数（first、second など）」の形で言います。

6 | 今日は何曜日ですか?
What day is it today?

返答は、It's Monday.（月曜日です）のように「It's ＋曜日」の形で言います。

7 | 今日の天気はどうですか?
How is the weather today?

返答は、It's <u>sunny</u>/<u>cloudy</u>/<u>rainy</u>.（晴れています／曇っています／雨が降っています）のように「It's ＋天候の形容詞」の形で言います。

8 | 今日は暑いです。
It's hot today.

関連表現として、It's cold.（寒いです）やIt's (hot and) humid.（蒸し暑いです）などがあります。

9 | 今日はどんな特別な日ですか?
What special day is today?

返答は、It's my birthday.（私の誕生日です）やIt's Mother's Day.（母の日です）のように、「It's ＋特別な日」の形で言います。

10 | 週末はどうでしたか?
How was your weekend?

関連表現として、How was your summer vacation?（夏休みはどうでしたか?）があります。How was your ～?で、「（あなたの）～はどうでしたか?」といろいろ尋ねることができます。

Column 英語Q&A

Q
英語では、
先生をどのように
呼びますか?

A 英語では先生をteacherと訳しますが、実際にTeacher! とは呼びません。日本語では先生は敬称として使われますが、英語ではteacherは職業名を表します。先生を呼ぶときには敬称に名字（ラストネーム）をつけて、男性の場合は「Mr. ＋名字」（例：Mr. Yamaguchi）、女性の場合は「Ms. ＋名字」（例：Ms. Sato）で呼ぶのが正式です。一方で、児童にとっては英語の敬称はなじみが薄いため、日本人の先生には、Sato sensei、ALTの先生には、例えば名前がWendy Smithなら、Wendy senseiやSmith senseiのように、「名前＋sensei」という言い方をすることもあります。

Exercise))) 02

1. 穴埋めしながら音読しましょう。（答えは前ページ）
2. 音声を聴いて、英文の後について言いましょう。

1 **T** 起立!
( ) ( )!

2 **T** こんにちは、みなさん。
Hello, ( ).

S こんにちは、スズキ先生。
Hello, Suzuki sensei.

3 **T** 元気ですか?
( ) ( ) you?

S 元気です。
I'm good.

T それはよかった。
That's good.

4 **T** 着席してください。
( ) ( ), please.

5 **T** 今日は何月何日ですか?
What's the ( ) ( )?

S 5月29日です。
It's May 29.

6 **T** 今日は何曜日ですか?
What ( ) ( ) it today?

S 金曜日です。
It's Friday.

7

T 今日の天気はどうですか？
( ) is the ( ) today?

S 雨が降っています。
It's rainy.

8

T 今日は暑いです。
It's ( ) today.

S 本当です。
Yes, it is.

9

T 今日はどんな特別な日ですか？
What ( ) ( ) is today?

S 今日は七夕です。
It's the Star Festival.

10

T 週末はどうでしたか？
( ) was your ( )?

S とてもよかったです。
It was very good.

| 答えてみよう | 次の英語の質問やお題に自分なりの言葉で答えてみましょう。 |

How is the weather today?
（今日の天気はどうですか？【2文以上で答えてみましょう】）

例 It's sunny now, but it will be rainy later.
（今は晴れていますが、後で雨が降るでしょう）

歌の活動

英語の歌を歌うときに使う表現を覚えましょう。

1 何の歌を歌いたいですか?
What song do you want to sing?

関連表現として、Which song do you want to sing?([いくつか曲の候補を示して
から] どの歌を歌いたいですか?)があります。

2 「ABCの歌」を歌いましょう!
Let's sing "The ABC song"!

最後にtogetherを付けると、「みんなで一緒に歌いましょう」という意味になり
ます。

3 もう少し大きな声で歌ってください。
Sing a little louder.

a littleは「少し」という意味です。関連表現として、Sing a little slower/faster.
やSing a little more slowly/quickly.(もう少し遅く/速く歌ってください)があります。

4 もっと元気に歌えますよ。
You can sing more energetically.

energeticallyは「元気よく」という意味です。

5 リズムに合わせて手をたたいてください。
Clap your hands to the rhythm.

clapは「たたく」という意味です。「拍手をする」や
「パンパンという音」という意味にもなります。両手
を使うのでhandsと複数形になります。この文のto
は「〜に合わせて」という意味です。

6 | 先生と一緒に歌いましょう。
Sing along with me.

関連表現として、Sing along with the music. (曲に合わせて歌いましょう) や Sing along with the CD. (CDに合わせて歌いましょう) があります。

7 | 一人でそれを歌えますか?
Can you sing it by yourself?

by oneself は「一人で」という意味です。同義の表現として alone や on one's own があります。

8 | チャンツを練習しましょう。
Let's practice a chant.

chant は本来は「(節をつけて歌う) 詠唱、聖歌」という意味ですが、外国語活動／外国語科では、英単語や英文をリズムに合わせて繰り返し唱えることを意味します。

9 | 曲をよく聴きましょう。
Listen to the melody carefully.

「曲」には、melody 以外にも music や tune も使うことができます。

10 | この曲はあなたたちにとってなじみ深いですよね?
This tune is familiar to you, isn't it?

familiar は「聞き覚えのある、なじみのある」という意味です。また、文末の付加疑問文「〜, isn't it?」は同意を求めた言い方のため、文末を下げ基調で言います。

Column 英語Q&A

Q

子どもたちが楽しく歌うために、教師が工夫できることは?

A 小学校中学年の外国語活動では、発達段階に応じた選曲が大切です。"Head, Shoulders, Knees and Toes." や "Seven Steps." など、振りを付けたり手拍子をしたりしながら楽しく歌える曲を選ぶとよいでしょう。一方、高学年の外国語科では、英語表現に慣れ親しむために、教科書の各Unitで紹介されている歌やチャンツを用いて「字幕なしで聴かせる」「歌えるところだけ歌わせる」「自分の思いや考えを歌詞に当てはめて歌わせる」など、指導のバリエーションを多くもつことが大切です。

Exercise　))) 04

1. 穴埋めしながら音読しましょう。（答えは前ページ）
2. 音声を聴いて、英文の後について言いましょう。

1
T 何の歌を歌いたいですか？
What (　　　) do you want to (　　　)?

S 「きらきら星」！
"Twinkle, Twinkle, Little Star"!

2
T 「ABCの歌」を歌いましょう！
(　　　)(　　　) "The ABC song"!

S はい！
Yes, let's!

3
T もう少し大きな声で歌ってください。
Sing (　　)(　　　) louder.

S わかりました。
Sure.

4
T もっと元気に歌えますよ。
You can sing (　　　)(　　　　　).

S はい。もう一度してみます。
OK, I'll try it again.

5
T リズムに合わせて手をたたいてください。
(　　　) your (　　　) to the rhythm.

S こんな感じですか？
Like this?

6 🅣 先生と一緒に歌いましょう。みなさん、準備はいいですか?
Please sing (　　　)(　　　) me. Everyone, are you ready?

🅢 はい、いいです!
Yes, I'm ready!

7 🅣 一人でそれを歌えますか?
Can you sing it (　　)(　　　)?

🅢 はい、歌えます。
Yes, I can.

8 🅣 チャンツを練習しましょう。
Let's (　　　　) a (　　　).

🅢 頑張ります!
I'll do my best!

9 🅣 曲をよく聴きましょう。… 何が聞こえましたか?
Listen to the (　　　　)(　　　　) ... What did you hear?

🅢 「Star」という単語。
The word "Star."

10 🅣 この曲はあなたたちにとってなじみ深いですよね?
This tune is (　　　　)(　　) you, isn't (　　)?

🅢 たぶん。
Maybe.

| 答えてみよう | 次の英語の質問やお題に自分なりの言葉で答えてみましょう。 |

What song do you want to sing?
(何の歌を歌いたいですか?【自分の好きな歌を選び、理由も一緒に答えてみましょう】)

例 I want to sing "Seven Steps." I like singing to that rhythm.
("Seven Steps" を歌いたいです。そのリズムに合わせて歌うのが好きです)

復習

授業の復習をするときに使う表現を覚えましょう。

1 復習しましょう。
Let's review.
類義の表現として、go over the last lesson があります。

2 前回の授業では、何を学びましたか？
What did we learn in the last lesson?
last の代わりに previous を、lesson の代わりに class を用いることもできます。
返答として、We learned ... があります。learn の過去形は learned ですが、イギリス英語では learnt も用いられます。

3 家で練習してきましたか？
Did you practice at home?
at home には「家で」以外に「気楽に、くつろぐ」という意味もあり、feel at home（くつろぐ）のようにも使われます。

4 この単語を覚えていますか？
Do you remember this word?
この文に続けて I hope you still remember it.（これをまだ覚えているといいのですが）と、期待を込めて言うこともできます。

5 もう少し大きな声で言ってくれますか？
Could you speak up a little bit?
speak up は「大声で話す」、a little bit は「もう少し」という意味です。関連表現として、Can you say that again?（もう一度言ってくれますか？）や I can't hear you.（聞こえません）があります。

6 | 「giraffe」を日本語でわかる人がいたら、手を挙げてください。

If you know what "giraffe" is in Japanese, raise your hand.

raise your hand（手を挙げる）の同義の表現として、put your hand up があります。hand を hands と複数形にすると「両手」を挙げることになりますので、注意しましょう。

7 | 小テストをします。

I'm going to give you a quiz.

「小テスト」は quiz と言います。「試験」には examination（略形で exam）もありますが、これは入試や期末試験等の重要な試験のことを言います。

8 | 準備はいいですか?

Are you ready?

同義の表現として、Is everybody ready?（みなさん、準備はいいですか?）があります。また、主語と動詞を省略して、単に Ready? と言うこともできます。

9 | ヒントが欲しいですか?

Do you want a hint?

hint の同義語として clue があります。関連表現として、I'll give you a hint/clue. があります。

10 | それは「m」で始まります。

It starts with "m."

関連表現として、It ends with "y."（「y」で終わります）があります。

Column 英語Q&A

Q アメリカ英語とイギリス英語のどちらを教えるとよいですか?

A 日本ではアメリカ英語が広く使われていますので、基本的にはアメリカ英語を教える方がよいです。一方で、イギリス英語との違いを併せて教え、英語への興味を喚起するのもよいでしょう。Key Phrase 2 の解説で述べた learn 以外にも、小学校の外国語活動/外国語科で学ぶ単語の中には以下のような違いがあります。

スペル：［米］center ［英］centre／［米］color ［英］colour
発　音：tomato ［米］təméitou ［英］təmá:tou
単　語：なす［米］eggplant ［英］aubergine／秋［米］fall ［英］autumn／サッカー［米］soccer ［英］football／1階 ［米］first floor ［英］ground floor

Exercise)))06

1. 穴埋めしながら音読しましょう。（答えは前ページ）
2. 音声を聴いて、英文の後について言いましょう。

1
T 復習しましょう。
Let's (   ).

S わかりました、先生。
OK, sensei.

2
T 前回の授業では何を学びましたか？
(   ) (   ) we (   ) in the (   ) lesson?

S 動物の英単語！
English words for animals!

3
T 家で練習してきましたか？
Did you (   ) (   ) (   )?

S あっ、忘れてた。
Oh, I forgot.

4
T この単語を覚えていますか？
Do you (   ) this word?

T 少し。
A little.

5
T この単語を発音してください。
Pronounce this word.

S ホ、ホ、ホエール…
W, w, whale ...

T もう少し大きな声で言ってくれますか？
Could you (   ) (   ) a little (   )?

6

T 「giraffe」を日本語でわかる人がいたら、手を挙げてください。
If you know (　　　) "giraffe" is (　　) Japanese, (　　　) your (　　　).

S はい、はい！
Yes, yes!

7

T みなさん、小テストをします。
Everybody, I'm going to (　　　) you a (　　　).

S えーっ、嫌だな！
Oh, no!

8

T 準備はいいですか？
(　　　) (　　　) (　　　)?

S はい、いいです。
Yes, I am.

9

T これは少し難しいかもしれませんね。ヒントが欲しいですか？
This may be a little difficult. Do you (　　　) a (　　　)?

S はい、お願いします。
Yes, please.

10

T それは「m」で始まります。何でしょうか？
It (　　　) (　　　) "m." What is it?

S あっ、わかった！「monkey」だ！
Oh, I got it! It's "monkey"!

答えてみよう | 次の英語の質問やお題に自分なりの言葉で答えてみましょう。

Review some animal words with students.
（［授業のつもりで］児童と一緒に動物の単語を復習しましょう。【3文以上で答えましょう】）

例 Let's review some animal words. Do you remember this word? Let's say it together.
（動物の単語を復習しましょう。この単語を覚えていますか？　一緒に言いましょう）

テーマ・授業導入

テーマや授業導入の時間に使う表現を覚えましょう。

1 今日の授業を始めましょう。

Let's start today's lesson.

類似の表現として、Let's get started. があります。また、Let's start 〜. の代わりに Let's begin 〜. と言うこともできます。

2 今日のテーマは「動物」です。

Today's theme is "animals."

theme/θí:m/ は「テーマ」という意味です。類似の表現として、Today's goal is to learn some animal words. (今日のめあては、動物についての単語を学ぶことです) があります。

3 みなさんに数枚の絵を見せます。

I'll show you some pictures.

picture には、picture card (絵カード) や picture book (絵本) のような「絵」の意味や、photo のような「写真」の意味もあります。

4 誰か答えがわかりますか?

Who knows the answer?

類似の表現として (Does) Anyone know the answer? があります。児童の解答が合っていれば That's right/correct.、不正解なら That's wrong/not correct. と言うことができます。

5 これを英語で何と言いますか?

How do you say this in English?

同義の表現として、What do you call this in English? があります。関連表現として、How do you pronounce this in English? (これを英語でどう発音しますか?) があります。

6 | 私の後に続いて繰り返してください。
Repeat after me.

類似の表現に、Repeat these words after me.（私の後に続いてこれらの単語を繰り返してください）やFollow me.（私がするようにしてください）があります。

7 | どの動物が一番好きですか？
Which animal do you like the most?

いくつかの候補がある中から選ぶ場合に使います。
候補を明示して、Which of these animals do you like the most, dogs, cats or rabbits? のように言うこともできます。

8 | 教科書を出してください。
Take out your textbook.

関連表現として、Put away your textbook.（教科書を片付けてください）やTurn over your textbook.（教科書を伏せてください）があります。

9 | 教科書の25ページを開いてください。
Open your textbook to Page 25.

同義の表現として、Turn to Page 25 of your textbook. があります。関連表現として、Go on to the next page.（次のページに進んでください）、Skip Page 25.（25ページを飛ばしてください）があります。

10 | 今日の活動に移りましょう。
Let's go on to today's activity.

go on は「続ける」、go on to ～は「～に移る」という意味です。

Column 英語Q&A

 Q

児童が自律して
学習に取り組む方法は
ありますか？

A 通常、教師は児童全員に同じ学習活動に取り組ませます。しかしこの方法では、児童が学習に意欲的にならないことがあります。解決策の一つとして、児童に学習活動を自ら決定させる機会を与える方法があります。人は選択肢があるとどれが自分にとってよりやる気になるかを考え、より責任を持つようになります。例えば、単元の到達目標に向けて取り組む活動を一覧表にし、その中から児童自身に選ばせることから始めてもよいでしょう。

Exercise))) 08

1. 穴埋めしながら音読しましょう。（答えは前ページ）
2. 音声を聴いて、英文の後について言いましょう。

1 T 今日の授業を始めましょう。
（　　　　）（　　　　　　） today's lesson.

S 始めましょう！
Yes, let's!

2 T 今日のテーマは「動物」です。
（　　　　）（　　　　　） is "animals."

S わかりました。
OK.

3 T みなさんに数枚の絵を見せます。
I'll (　　　　　) you some (　　　　　　).

S 何だろう。
I wonder what they are.

4 T 誰か答えがわかりますか？
（　　　）（　　　　　） the answer?

S うーん…ネコですか？
Well ... is it a cat?

T 正解です。
That's right.

5 T これを英語で何と言いますか？
（　　　　　） do you (　　　　） this (　　） English?

S ドルフィン！
Dolphin!

6 Ⓣ 私の後に続いて繰り返してください。
( ) ( ) me.

Ⓢ わかりました、そうします。
OK, I will.

7 Ⓣ どの動物が一番好きですか？
( ) ( ) do you like the most?

Ⓢ 犬が一番好きです。かわいいです。
I like dogs the most. They're cute.

8 Ⓣ 教科書を出してください。
( ) ( ) your textbook.

Ⓢ ちょっと待ってください。
Wait a minute, please.

9 Ⓣ 教科書の25ページを開いてください。
( ) your textbook ( ) Page 25.

Ⓢ あっ、35ページを開いちゃった。
Oh, I opened it to Page 35.

10 Ⓣ 今日の活動に移りましょう。
( ) ( ) ( ) ( ) today's activity.

Ⓢ はーい。
All right.

答えてみよう	次の英語の質問やお題に自分なりの言葉で答えてみましょう。

Which animal do you like the most, pandas, dogs or cats?
（パンダ、犬、ネコのどれが一番好きですか？【理由も一緒に答えてみましょう】）

例 I like pandas the most. They are cute. I have a stuffed panda at home.
（パンダが好きです。パンダはかわいいです。家にパンダのぬいぐるみがあります）

活動指示①：移動

児童を移動させるときに使う表現を覚えましょう。

1 机を後ろに下げてください。
Move your desks to the back.

関連表現として、Move your desks to the front/sides.（机を［教室の］前／横に動かしてください）があります。

2 前に来てください。
Come to the front.

教師が教室の前にいる時に使います。同義の表現として、Come over here.（こちらに来てください）やCome to the blackboard.（黒板のところに来てください）があります。

3 前へ移動してください。
Move forward.

少し移動する場合、a little を用いて Move forward a little. と言います。関連表現として、Move backward.（後ろへ移動してください）、Move to the right/left.（右／左へ移動してください）があります。

4 机を元に戻してください。
Put your desks back.

同義の表現として、Move your desks back. があります。put/move ～ back で「～を元の位置に戻す」という意味です。

5 机を合わせてください。
Put your desks together.

関連表現として、Put your desks side by side/face to face.（隣同士で／向かい合うように机を合わせてください）があります。

6 後ろを向いてください。
Turn around.

関連表現として、Turn to the <u>right</u>/<u>left</u>.（<u>右</u>／<u>左</u>を向いてください）、Turn clockwise.（時計回りに回ってください）があります。

7 動いてはいけません。
Don't move.

関連表現として、still（静止した）を用いた <u>Stand</u>/<u>Sit</u> still.（じっと<u>立って</u>／<u>座って</u>いてください）や Stop.（やめてください、立ち止まってください）があります。

8 2列になってください。
Make two lines.

類義の表現として、Stand in two lines. や Stand in two rows.（row = 列）があります。

9 円になって座ってください。
Sit in a circle.

関連表現として、Make a circle.（輪になってください）があります。

10 席に戻ってください。
Go back to your seat.

類似の表現として、Return to your seat. があります。

Column 英語 Q&A

Q

TPRという言葉を
よく聞きますが、
これは何でしょうか？

A TPR は正式には Total Physical Response（全身反応教授法）と言い、児童に英語で指示を出し、正しく理解しているかどうか動作をさせて確認をする手法のことです。児童が指示通りに正しく動いていれば、その英語を理解したとわかります。この教授法と関連のある活動に、Simon says ゲームがあります。このゲームでは、Stand up. や Sit down. などの命令文の前に、教師が「Simon says」と言った場合、児童は指示に従い行動します。反対に、「Simon says」の言葉がなかった指示には従ってはいけません。このようなゲーム等を通じた TPR で児童の理解を確認しましょう。

Exercise)》10

1. 穴埋めしながら音読しましょう。（答えは前ページ）
2. 音声を聴いて、英文の後について言いましょう。

1 T 今日はみなさんに絵本を読んでいきます。机を後ろに下げてください。
Today I am going to read you a picture book. (　　　)
your desks to the (　　　).

S 絵本大好き！
I like picture books!

2 T 前に来てください。
(　　　) to the (　　　).

S はい！
OK!

3 T 集まって、座ってください。
Come together and sit down.

S ここでいいですか？
Is here OK?

T いいえ。前へ移動してください。
No. (　　　) (　　　).

4 T これで話は終わりです。机を元に戻してください。
That is the end of the story. (　　　) your desks
(　　　).

S はい！
OK!

5 T 班で絵を描いてもらいます。机を合わせてください。
I want you to draw a picture in a group. (　　　) your
desks (　　　).

S 何描こうかな？
What can I draw?

6

🅣 Simon says ゲームをしましょう。サイモンが「後ろを向いてください」と言っています。
Let's play the Simon Says game. Simon says,
"(　　　　) (　　　　　　)."

🅢 しました！
I did!

7

🅣 説明が終わるまで、動かないでください。
(　　　　) (　　　　) until I've finished explaining.

🅢 わかりました、先生。
OK, sensei.

8

🅣 ハンカチ落としゲームをします。2列になってください。
Let's play the duck-duck-goose game. (　　　　) two
(　　　　).

🅢 このゲーム好き！
I like this game!

9

🅣 はい、2列になりましたね。円になって座ってください。
OK, you made two lines. Sit (　　　) a (　　　　).

🅢 みんな、早く！
Everyone, hurry up!

10

🅣 みなさん、ゲームを終わります。席に戻ってください。
Everyone, that's the end of the game. Go (　　　　)
(　　　) your (　　　　).

🅢 楽しかった！
That was fun!

答えてみよう 次の英語の質問やお題に自分なりの言葉で答えてみましょう。

Give instructions to prepare for the concentration game.
（神経衰弱ゲームの準備に必要な指示を与えましょう【机を動かす指示を含めて答えてみましょう】）

例 First, make a group of four. Then, put your desks together. After that, spread the cards out on the desks.
（まず4人グループを作ります。次に、机を合わせてください。その後に、カードを机の上に広げます）

活動指示②：学習活動説明①

教科書を用いた活動を説明するときに使う表現を覚えましょう。

Key Phrases 》)11 | 音声を聴いてそれぞれの英文を言いましょう。

1 18ページの絵を見てください。

Look at the pictures on Page 18.

この例文は See the pictures on Page 18. と言うこともできますが、look at の
ほうが「意識的に目を向ける」という意味になります。

2 この絵の中からネコを見つけられますか?

Can you find the cat in this picture?

find は通常「見つける」という意味ですが、I find it difficult to believe.（それは
信じがたいと思う）のように think の意味で使うこともあります。

3 ページの上の方にあるものです。

The one at the top of the page.

one は前述した可算名詞を繰り返す場合に使えます。位置を示す他の言い方と
して、in the bottom part（下部に）、in the center/middle（中央に）、in the
upper right-hand corner（右上に）などがあります。

4 絵と登場人物を線で結んでください。

Draw a line between the picture and the character.

draw は「(線)を引く」という意味です。同義の表現として、Draw a line from
the picture to the character. があります。

5 リストの中の単語を線で消してください。

Cross out the word in the list.

cross out 〜は「〜を線を引いて消す」という意味です。類義語として、delete
があります。

6 アルファベットの文字をなぞってください。

Trace the letters of the alphabet.

trace は「〜の跡を追う」という意味以外にも、「〜をたどる」という意味があります。授業では「線をなぞる」という意味でも使用します。

7 ノートに文を写してください。

Copy the sentences into your notebook.

関連表現として Fill in the blanks in the worksheet.（プリントの穴埋めをしてください）があります。

8 横の人と答えを確かめてください。

Check your answers with your neighbor.

「横の人」は the person next to you もよいです。また、ペア活動を授業時によくしている場合は、your partner (next to you) と言うこともできます。

9 これは合っていますか、間違っていますか?

Is this right or wrong?

同義の表現として Is this correct or not? があります。wrong の発音は /rɔ́(:)ŋ/ であり、long の発音 /lɔ́(:)ŋ/ にならないように注意しましょう。

10 質問はありますか?

Do you have any questions?

文頭を省略して、Any questions? と言うこともできます。質問は1つだけではなく複数想定されるため、通常は questions と複数形にします。

Column 英語 Q&A

Q

英語で活動を
説明するのが
難しいです。
どうすればよいですか?

A 全ての説明を言葉で行うのではなく、ジェスチャーや実演を交えるとよいでしょう。その際よく用いられる表現として、Do it this way. や Do it like this. があります。実際に児童にさせたい動きを教師自身が行いながら Do it ... like this. のように言います。また、例えばゲームの仕方等を説明する際、事前準備ができるのであれば、実際に教員同士でゲームをする様子を録画しておき、それを見せながら、Classroom English を用いて説明をするとよいでしょう。

Exercise 》》12

1. 穴埋めしながら音読しましょう。（答えは前ページ）
2. 音声を聴いて、英文の後について言いましょう。

1 **T** 18ページの絵を見てください。
( ) ( ) the pictures ( ) Page 18.

S はい。
Yes.

2 **T** この絵の中からネコを見つけられますか？
( ) you ( ) the cat in this picture?

S たぶん。
Maybe.

3 **T** ページの上の方にあるものです。
The ( ) at the ( ) of the page.

S これかな？
This one?

4 **T** 絵と登場人物を線で結んでください。
( ) a ( ) ( ) the picture ( )
the character.

S もう一度言ってくれませんか？
Can you say that again, please?

5 **T** 用紙の中で「お城」という単語を見つけたら、リストの中のそれを線で消してください。
When you have found the word "castle" in the sheet,
( ) it out in the ( ).

S わかりました！
Got it!

6
T アルファベットの文字をなぞってください。
(　　　　　) the (　　　　　) of the (　　　　　).

S わかりました。
Sure.

7
T ノートに文を写してください。
(　　　　) the sentences (　　　　) your notebook.

S 1回だけでよいですか?
Is once enough?

8
T 横の人と答えを確かめてください。
(　　　) your answers (　　　) your (　　　　).

S ミキちゃん、一緒にやろう。
Miki, let's do it together.

9
T これは合っていますか、間違っていますか?
Is this (　　　　) or (　　　　)?

S すみません。わからないです。
Sorry. I don't know.

10
T 質問はありますか?
Do you have (　　　) (　　　　)?

S はい、あります。
Yes, I do.

答えてみよう 次の英語の質問やお題に自分なりの言葉で答えてみましょう。

Open your textbook to any page and describe that page.
（教科書のどこかのページを開いてそのページを描写しましょう【3文以上で述べてみましょう】）

例 This page is Part 2 of Unit 7. There is a picture in the upper right-hand corner.
There is text in the middle.
（このページは、Unit 7 の Part 2 です。右上に写真があります。真ん中に本文があります）

活動指示③：学習活動説明②

様々な学習活動を説明するときに使う表現を覚えましょう。

Key Phrases))) 13 | 音声を聴いてそれぞれの英文を言いましょう。

1 これからお話を読んであげます。
I'm going to read you a story.

read には「(人) に (本など) を読んで聞かせる」という意味がありますが、read a story to you と言うこともできます。

2 この本のタイトルを当ててください。
Guess the title of this book.

guess は「～を推測する、言い当てる」という意味です。関連表現として、Guess what! ([意外なことを言うときに用いて] ねえ聞いてよ、何だと思う) があります。

3 その文を声に出して読んでくれますか？
Can you read out the sentences?

read out は「音読・朗読する」という意味です。read aloud と言うこともできますが、read loudly は「大声で読む」という意味になるので、注意が必要です。

4 私がするようにしてください。
Do what I do.

同義の表現として、Do as I do. や Copy me. (私のまねをしてください) があります。

5 あなたにとって特別なものを持ってきてください。
Bring something special to you.

something special (特別なもの) のように something/anything を使う場合、beautiful flowers のような「形容詞＋名詞」ではなく、「something/anything ＋形容詞」の語順になるので注意が必要です。

6 | 私が最初にやってみます。

Let me show you first.

同義の表現として、I'll show you first. があります。

7 | レストランにいるつもりになってください。

Imagine you are in a restaurant.

同義の表現として、Imagine yourself to be in a restaurant. があります。

8 | コックの役をしてください。

Play the role of a cook.

同義の表現として、play the cook. があります。cook を chef と言い換えることもできますが、人を意味する -er を cook につけた cooker は「料理器具」の意味になりますので、注意が必要です。

9 | もっと大きな身振りをしてください。

Make bigger gestures.

関連表現として、Make gestures with your hands.（両手を使って身振りをしてください）があります。

10 | 一緒にしてみましょう。

Try it together.

類似の表現として、Give it a try. や Give it a shot.（shot ＝試み）があります。

Column 英語 Q&A

Q

英語で指示を出す
コツは何かありますか？

A コツの一つに、文の種類に応じて文末のイントネーションを下げたり上げたりする方法があります。文末のイントネーションを下げる（↘）のは、Key Phrase 1 の I'm going to read you a story. のような平叙文や Key Phrase 2 の Guess the title of this book. のような命令文、また What is your name? や How is the weather? のような wh 疑問文です。一方、文末のイントネーションを上げる（↗）のは、Key Phrase 3 の Can you read out the sentences? のような Yes-No で答えられる疑問文です。文末のイントネーションに気をつけて、付属の音声を聞いてみましょう。

Exercise))) 14

1. 穴埋めしながら音読しましょう。(答えは前ページ)
2. 音声を聴いて、英文の後について言いましょう。

1 **T** みなさん、集まってください。これからお話を読んであげます。
Everyone, come together. I'm going to (   )
(   ) a (   ).

S やったー！
Yes!

2 **T** この本のタイトルを当ててください。
(   ) the (   ) of this (   ).

S 『スイミー』ですか？
Is it *Swimmy*?

3 **T** その文を声に出して読んでくれますか？
Can you (   ) (   ) the (   )?

S わかりました。
Yes, I can.

4 **T** 今からやり方を見せます。私がするようにしてください。
I'll show you how to do it. Please do (   ) ( ) (   ).

S わかりました。
I got it.

5 **T** 次の授業で「Show and Tell」をします。あなたにとって特別なものを
持ってきてください。
We're going to do "Show and Tell" in the next lesson.
(   ) (   ) (   ) to you.

S 例えば？
For example?

T 例えば、友達からもらったプレゼントとかね。
For example, a present you got from a friend.

6 🅣 私が最初にやってみます。これはマグカップです。友達がくれました。
Let (　　　) (　　　) (　　　　) first. This is a mug. My friend gave it to me.

🅢 いいですね！
Great!

7 🅣 この活動では、レストランにいるつもりになってください。
For this activity, (　　　　) (　　　) are (　　) a restaurant.

🅢 わかりました。
OK.

8 🅣 あなたのどちらか、コックの役をしてください。
Either of you, (　　　) the (　　　) of a (　　　).

🅢 私がする！
I will!

9 🅣 ミキ、もっと大きな身振りをしてください。
Miki, (　　　) bigger (　　　　).

🅢 このようにですか？
Like this?

🅣 いいですね。
That's good.

10 🅢 これ難しいです。
It's difficult.

🅣 大丈夫ですよ。一緒にしてみましょう。
Don't worry. Let's (　　　) (　　) (　　　　).

答えてみよう 次の英語の質問やお題に自分なりの言葉で答えてみましょう。

Play "Show and Tell" with your own things.
（自分の持ち物で "Show and Tell" をしましょう【3文以上で答えてみましょう】）

例 Let me show you. This is my cup. It's colorful. I like it.
（私がやってみます。これは私のカップです。それはカラフルです。私はそれが好きです）

活動指示④：ペア・グループ活動

ペアやグループで活動を行うときに使う表現を覚えましょう。

Key Phrases 〉〉15 | 音声を聴いてそれぞれの英文を言いましょう。

1 ペアを作りましょう。
Make pairs.

同義の表現として、Get into pairs. （ペアにわかれてください）もあります。グループの場合には、「groups of ＋数字」（～人グループ）を使ってMake/Get into groups of four. （4人グループを作ってください）のように言います。

2 ペアで作業しましょう。
Work in pairs.

グループの場合にはWork in groups. （グループで作業しましょう）のように言います。

3 あなたたちはAグループです。
You are in Group A.

列を指定する場合にはRow 1 （1列目）やRow 2 （2列目）のようにRow （列）を用いて、例えば、Rows 1, 2 and 3, you're in Team A. （1、2、3列目はAチームです）のように言います。

4 誰があなたたちのグループのリーダーですか?
Who is the leader of your group?

返答として、リーダーの児童はI am (the leader). （私が［リーダー］です）と言います。

5 私がこのチームに入ります。
I'll be on this team.

この場合のonは「～の一員で」という意味で、例文は文字通りには「このチームの一員になります」という意味です。onの代わりにinを用いることもできます。

6 | 役割を交替しましょう。
Change roles.

同義の表現として、switch（替える）を使った Switch roles. もあります。

7 | パートナーを交替しましょう。
Change partners.

同義の表現として、find（見つける）を使った Find a new partner.（新しいパートナーを見つけましょう）もあります。

8 | お互いに向き合いましょう。
Face each other.

face は「〜と向き合う」という意味の動詞です。同義の表現として、目的語を your partner にした Face your partner.（パートナーと向き合いましょう）もあります。

9 | 誰が「鬼」になりますか?
Who is going to be "it"?

英語では、鬼ごっこの「鬼」のような役割の人を伝統的に it（それ、あれ）と呼びます。鬼になった人には You're "it."（あなたが鬼です）と言います。

10 | 時計回りにすすめましょう。
Go around clockwise.

clockwise は「時計のやり方で、時計周りに」という意味です。「時計と反対周りに」は counterclockwise（アメリカ英語）や anti-clockwise（イギリス英語）と言います。

Column 英語 Q&A

 Q

ペアやグループを作る際に気をつけることはありますか?

A 児童同士がやりとりをする活動を行う場合には、参加者ができるだけ協力し合えるペアやグループの構成にすることが重要です。ペアやグループの「協調性」の度合いによって言語活動の質に差が出るからです。一部のメンバーが積極的（一方的）すぎたり、逆に消極的すぎると対等なやりとりになりにくいので、児童の性格と英語力の双方を踏まえて、やりとりが行われやすいペアやグループを作るとよいでしょう。もちろん、先生の助けで補うことも必要です。

Exercise))) 16

1. 穴埋めしながら音読しましょう。(答えは前ページ)
2. 音声を聴いて、英文の後について言いましょう。

1 | **T** ペアを作りましょう。
(   ) pairs.

    S ミサ、私たちペアだね。
Misa, we're a pair.

2 | **T** ペアで作業しましょう。いいですか？
Work (   ) (   ). Are you OK?

    S 大丈夫です。
Yes, we are.

3 | **T** あなたたちはAグループです。
You (   ) (   ) Group A.

    S わかりました。
OK.

4 | **T** 誰があなたたちのグループのリーダーですか？
(   ) (   ) the leader of your group?

    S 私です。
I am.

5 | **S** ハルカさんが今日休みです。
Haruka is absent today.

    T 私がこのチームに入ります。
I'll (   ) (   ) this team.

6

T 役割を交替しましょう。
Change (　　　　).

S わかりました。
All right.

7

T パートナーを交替しましょう。
Change (　　　　　).

S ちょっと待ってください。
Wait a minute.

8

T お互いに向き合いましょう。
(　　　　) each other.

S はい、します。
OK, I will.

9

T 誰が「鬼」になりますか?
Who is going to be "(　　　)"?

S タロウがやります。
Taro is.

10

T 時計回りにすすめましょう。準備できましたか?
Go around (　　　　　　). Ready?

S はい。
Yes.

答えてみよう　次の英語の質問やお題に自分なりの言葉で答えてみましょう。

Who is going to be "it"?
(誰が鬼になりますか?【自分が鬼になる場合を想定して返事をしてみましょう】)

例 I'm going to be "it." I'll count to 10. You should run away right now.
(私が鬼になります。10数えます。今すぐ逃げてください)

活動指示⑤：順番確認

順番確認のときに使う表現を覚えましょう。

Key Phrases))) 17 | 音声を聴いてそれぞれの英文を言いましょう。

1 誰が最初にしますか？
Who is going to go first?

類似の表現として、Who's first? があります。

2 順番を決めましょう。
Let's decide the order.

order は「順番」の意味です。関連表現として、「〜順に」は in alphabetical/numerical order（アルファベット／番号順に）のように言います。

3 じゃんけんをしましょう。
Let's play *janken*.

play の代わりに do も可能です。また、*janken* の代わりに rock, scissors, paper（または rock, paper, scissors）と言うこともあります。じゃんけんをする際のかけ声は Rock, scissors, paper, one, two, three. です。

4 誰かやりたい人はいますか？
Any volunteers?

丁寧な言い方として、文頭を省略しない Are there any volunteers? があります。

5 誰にしようかな。神様の言うとおり。
Eeny, meeny, miny, moe. Catch a tiger by the toe. If he hollers, let him go. Eeny, meeny, miny, moe.

日本の「どれにしようかな、神様の言うとおり…」のような数え歌です。最初の一文は「イーニーミーニーマイニーモー」と発音します。

6 交代でリーダーをします。
You'll take turns being the leader.

～ing の代わりに Take turns to be the leader. と言うこともできます。

7 あなたの番です。
It's your turn.

この文と対になる質問として、Whose turn is it?（誰の番ですか？）があります。関連表現に Who's next?（次は誰ですか？）があります。

8 どうぞ、進めてください。
Go ahead.

ahead は「先に、前に」の意味です。この表現の他の意味に「お先にどうぞ」があります。その意味では After you. も使われます。

9 自分の番まで待ってください。
Wait for your turn.

カジュアルな表現として、for を省略した Wait your turn. も可能です.

10 割り込みしてはダメですよ。
Don't cut in.

cut in は「割り込む」という意味です。類似の表現として、line（列）を使った Don't jump the line.（列を無視してはいけません）や Don't cut in line.（列に割り込んではいけません）があります。cut in line はイディオムなので the はつきません。

Column 英語 Q&A

Q 発表につながる授業実践としてどのような方法がありますか?

A PPP と呼ばれる Presentation（提示）・Practice（練習）・Production（産出）の教授法があります。最初の Presentation で学習する内容を教師が提示し、Practice において学習者が学んだ内容について練習を行い、Production で練習した内容を実際に使うようにします。これを発表活動に当てはめると、最初に発表に使う語彙・表現を教師が提示し、次にそれらの語彙・表現を児童はドリルや練習問題等で練習し、最後に練習した語彙・表現を組み込んだ発表を行うことになります。この一連の活動で、学んだ語彙・表現を身につけることができるでしょう。

Exercise))) 18

1. 穴埋めしながら音読しましょう。（答えは前ページ）
2. 音声を聴いて、英文の後について言いましょう。

1

T 今から "Who am I?" ゲームをします。誰が最初にしますか？
We're going to play the "Who am I?" game. (　　　) is going to (　　) (　　　)?

S 私がやります。
I am.

2

T やりたい人がたくさんいますね。順番を決めましょう。
Many people want to go. Let's (　　　) (　　)
(　　　).

S 勝つぞ！
I'll win!

3

T じゃんけんをしましょう。勝った人が最初です。
Let's (　　　) (　　　　). The winner goes first.

S わかりました。
I get it.

4

T 今から練習の成果を発表しましょう。誰かやりたい人はいますか？
Let's show what you've practiced now. (　　　)
(　　　)?

S したくないな。
I don't want to do it.

5

T リーダーを決めましょう。誰にしようかな。神様の言うとおり。
Let's decide who's going to be the leader. (　　　),
(　　　), miny, moe. Catch a tiger by the toe. If he hollers, let him go. (　　　), meeny, (　　　), (　　　).

S 自分だ。
It's me.

6

T 心配しなくていいですよ。交代でリーダーをします。
Don't worry. You'll ( ) ( ) being the leader.

S よかった。
That's good.

7

T ケンタさんが終わりました。ナオコさん、あなたの番です。
Kenta's finished. Naoko, it's ( ) ( ).

S わかりました。
OK.

8

S ウエノ先生、最初にサイコロを振ってもいいですか?
Ueno sensei, can I throw the dice first?

T 問題ないですよ。どうぞ。
No problem. ( ) ( ).

9

S 私もさいころ投げたい。
I want to throw the dice, too.

T 自分の番まで待ってください。
Wait for ( ) ( ).

10

T 一列に並んでください。割り込みしてはダメですよ。
Please make a line. Don't ( ) ( ).

S ごめんなさい。
I'm sorry.

答えてみよう 次の英語の質問やお題に自分なりの言葉で答えてみましょう。

Decide the order of the leader.
([児童になったつもりで] リーダーの順番を決めましょう【3文以上で答えてみましょう】)

例 Let's play *janken*. Rock, scissors, paper, one, two, three. You first, you second, and me third.
(じゃんけんをしましょう。じゃんけんぽん。あなたが1番、あなたが2番、私が3番)

51

活動指示⑥：ゲーム説明・得点／勝敗確認

ゲームを行うときに使う表現を覚えましょう。

Key Phrases 》》19 | 音声を聴いてそれぞれの英文を言いましょう。

1 すべてのカードを配ってください。

Deal out all the cards.

カードを配るときはdeal（配る）をよく使用します。関連表現として、Deal four cards to each player.（一人につき4枚ずつカードを配ってください）があります。

2 床の上にカードを広げてください。

Spread the cards out on the floor.

表裏を指定するときは、Turn your cards face up/down.（カードの表を上にして／下にしてください）と言います。

3 2枚の好きなカードをめくってください。

Turn over any two cards you like.

続く指示として、When two cards match, keep them.（同じカードが出たら、手元に置いてください）と言うこともできます。

4 「イルカ」という声が聞こえたら、カードのそれに印をつけてください。

When you hear "dolphin," mark it on the card.

類義の表現として、Put a mark on the card. があります。

5 マスが5つ並んだら、「ビンゴ！」と叫びましょう。

When you get five squares in a row, shout, "Bingo!"

square は「正方形、マス目」、in a row は「(1列に)並んで、連続して」という意味です。

52

6 | カードを何枚取りましたか?

How many cards did you get?

「How many ＋名詞＋ did you get ?」で「〜をいくつ取りましたか?」の意味になります。返答は、I got two. (2枚取りました) や I didn't get any. (全然取れませんでした) のようになります。

7 | 点数を数えましょう。

Count your points.

類義の表現として、Count up the points.「点数を合計しましょう」があります。up を加えることで「完全に、終わりまで」という意味が加わります。

8 | 1番点数が高いのは誰ですか?

Who got the highest score?

2番目、3番目等の順番を述べる場合、the second-highest score や the third-highest score のように、「the ＋序数＋ -highest score」の形で言います。

9 | 1班の勝ちです!

Group 1 is the winner!

同義の表現として、Group 1 is the champion. (1班がチャンピオンです) があります。

10 | 引き分けです。

It's a tie.

tie には「ひも、結び目」という意味もありますが、ゲームでは「同点」の意味で使われます。同義の表現として、It's a draw. があります。

Column 英語Q&A

Q

ゲームで盛り上がったときの歓声を英語でどう言いますか?

A 児童がうれしくなって喜びの歓声を上げることはよくあります。英語での表現を知ることで、英語で話す雰囲気を作ることができます。代表的なものとして、以下の表現があります。

- hooray /huːréi/ (ばんざい、やったぞ) — Hooray! It's a home run! (ばんざい! ホームランだ!)
- yes /jés/ (よし、やったー) — Yes! I won five times in a row. (よし! 5連勝だ)
- yay /jéi/ (やったー、わーい) — Yay! We've finished! (やったー! 終わったぞ!)

Exercise 》》20

1. 穴埋めしながら音読しましょう。（答えは前ページ）
2. 音声を聴いて、英文の後について言いましょう。

1 Ⓣ 神経衰弱ゲームをします。すべてのカードを配ってください。
We're going to play the concentration game. (   )
(   ) all the cards.

Ⓢ わかりました、マエダ先生。
I got it, Maeda sensei.

2 Ⓣ 次に、床の上にカードを広げてください。
Next, (   ) the cards (   ) (   ) the floor.

Ⓢ これでいいですか?
Is this OK?

3 Ⓣ 2枚の好きなカードをめくってください。同じカードが出たら手元に置いてください。
(   ) (   ) any two cards you (   ). When
two cards match, keep them.

Ⓢ わかりました。やりましょう!
I got it. Let's play!

4 Ⓣ 「イルカ」という声が聞こえたら、カードのそれに印をつけてください。
When you hear "dolphin," (   ) (   ) on the card.

Ⓢ こんな感じの印でいいですか?
Is this mark OK?

5 Ⓣ マスが5つ並んだら、「ビンゴ!」と叫びましょう。いいですか?
When you (   ) five (   ) in a (   ),
(   ), "Bingo!" Ready?

Ⓢ いいです!
Yes, ready!

6

T ゲーム終了です。カードを何枚取りましたか？
The game is over. (   ) (   ) cards did you get?

S 全然取れなかった！
I didn't get any!

7

T みなさん、たくさん点数が取れたようですね。点数を数えましょう。
Everybody, you've got lots of points. (   ) your
(   ).

S たくさん取れた！
We got lots of points!

8

T 一番点数が高いのは誰ですか？10点以上の人、手を挙げて！
Who (   ) the (   ) score? If you got *more
than nine points, raise your hand!

S はい！
Yes!

*more than nine: 9は含まないため「10以上」となる

9

T 1班は全部で30点です。1班の勝ちです！
Group 1 got 30 points in total. Group 1 (   ) the
(   )!

S やったー！
Hooray!

10

T 1班2班とも12点取りました。引き分けです。
Both Group 1 and Group 2 got 12 points. It's a (   ).

S 負けなくてよかった。
Glad we didn't lose.

答えてみよう 次の英語の質問やお題に自分なりの言葉で答えてみましょう。

Explain how to play the concentration game.
（神経衰弱ゲームの遊び方を説明しましょう【2文以上で答えてみましょう】）

例 Spread the cards out on the floor. Turn over any two cards you like. When two
cards match, keep them.
（床の上にカードを広げてください。2枚の好きなカードをめくってください。同じカードが
出たら手元に置いてください）

活動指示⑦：時間

活動の最中に使う時間に関する表現を覚えましょう。

1
今は11時45分です。
It's 11:45 now.

時間は「It's ＋時＋分」の形で言います。9時5分のような10分未満の場合は、oh（0：ゼロ）を使ってIt's nine oh five. と言います。また、9時ちょうどの場合には、It's 9 o'clock. と o'clock をつけます。

2
練習時間を3分間とります。
You'll have three minutes to practice.

同義の表現として、I'll give you three minutes to practice. があります。

3
ゆっくりしてください。
Take your time.

同義の表現として、Don't rush.（あわてないでください）があります。

4
あと残り1分です。
There is one minute left.

There is を省略して、One minute left. と言うこともできます。同義の表現として、You have one more minute. や One minute to go. があります。

5
もっと時間が必要ですか?
Do you need more time?

主語と動詞を省略して、More time? と言うこともできます。

6 | もう2分延長します。
I'll give you two more minutes.

more の代わりに extra（追加の、余分の）を用いることもできます。

7 | ちょっと待ってください。
Just a moment.

同義の表現として、One moment. や Wait a moment. があります。また、moment の代わりに minute（分）や second（秒）を用いた Just a <u>minute/second.</u> や Wait a <u>minute/second.</u> も同じ意味として使われます。

8 | もう時間がありません。
We are running out of time.

run out of ～は「～を使い果たす、なくなる」という意味です。

9 | 急いでください！
Hurry up!

ここでは hurry は「急ぐ」という意味の動詞ですが、Do it in a hurry.（急いでそれをしてください）のように名詞で用いることもあります。

10 | 終わりです。
Time is up.

ゲームやテストなどが終わるときの表現です。同義の表現として、We're finished. や Stop (it).（やめてください）もあります。

Column 英語 Q&A

Q

時刻の言い表し方には他にどのようなものがありますか？

Ⓐ 12時を境に、<u>to/before</u> や <u>past/after</u> を用いた言い方もあります。例えば、8時50分は It's ten <u>to/before</u> nine.、9時10分は It's ten <u>past/after</u> nine. と言います。また、8時45分や9時15分のような15分前や15分過ぎの場合は quarter（1時間の4分の1＝15分）を用いて、It's (a) quarter to nine. や It's (a) quarter past nine. と言います。9時半の場合は half（半分）を用いた It's half past nine. もあります。関連して、午前か午後かわかりにくい場合、アメリカなどでは、20時のような24時間表記（military time）ではなく、a.m. や p.m. を使用した12時間表記を用います。

Exercise))) 22

1. 穴埋めしながら音読しましょう。(答えは前ページ)
2. 音声を聴いて、英文の後について言いましょう。

1 T 今は11時45分です。給食の時間までもう少しです。
(　　　) 11:45 (　　　　). It's almost time for lunch.

S 待ち遠しい!
Can't wait!

2 T 隣の人とペアになってください。練習時間を3分間とります。
Please make pairs with your neighbor. You'll (　　　　)
three (　　　　) to practice.

S わかりました。
I got it.

3 S あっ、早く終えないと。
Oh, I have to finish it soon.

T ゆっくりしてください。
(　　　) (　　　) (　　　).

4 T あと残り1分です。時間になるまで止めないでください。
(　　　) (　　　) one minute (　　　　). Don't stop until
time is up.

S 頑張ります。
I'll do my best.

5 T もっと時間が必要ですか?
(　　　) you need (　　　　) (　　　　)?

S はい。
Yes, I do.

6 (T) まだできてない人もいますね。もう2分延長します。
Some of you have not finished yet. I'll (   )
(   ) two (   ) minutes.

(S) ありがとう、ウエノ先生。
Thank you, Ueno sensei.

7 (S) ウエノ先生、質問があります。
Ueno sensei, I have a question.

(T) ちょっと待ってください。
(   ) a (   ).

8 (T) もう時間がありません。このゲームの続きは次の授業でしましょう。
We are (   ) (   ) (   ) time. Let's continue
this game in the next class.

(S) えーっ、それは残念だな。
Oh, that's a shame.

9 (T) 自分の席に戻って。急いでください！
Go back to your seat. (   ) (   )!

(S) はーい。
OK.

10 (T) 終わりです。鉛筆を置いてください。
(   ) (   ) (   ). Put your pencil down.

(S) 最後までできなかった…
I couldn't finish it ...

答えてみよう 次の英語の質問やお題に自分なりの言葉で答えてみましょう。

What time is it now? How long do we have until the class finishes?
（今何時ですか？ 授業が終わるまで時間はどのくらいありますか？【授業後の活動も含めて3
文以上で答えてみましょう】）

例 It's 11:37 now. We still have 43 minutes left. After this class, it'll be lunchtime.
（今11時37分です。まだ43分残っています。この授業の後は昼食の時間です）

宿題確認・授業終了時のあいさつ

宿題確認や授業終了時に使う表現を覚えましょう。

Key Phrases))) 23 | 音声を聴いてそれぞれの英文を言いましょう。

1 今日は宿題があります。
You'll have homework today.

homeworkの同義語にassignmentがあります。前者は不可算名詞、後者は可算名詞で、特に高等教育等での課題に使われます。

2 今日の新出単語をそれぞれ10回書いてきてください。
Write today's new words 10 times each.

「〜回ずつ」は、「数詞＋times each」の形で言います。

3 遊びに行く前に宿題をすませましょう。
Do your homework before you go out to play.

doの代わりにYou should finish 〜（〜をすませるべき）を使うことも可能です。

4 さて、今日の授業はどうでしたか?
Now, how was today's lesson?

(OK) Now は「さて、では」の意味で、話をつなげるための表現です。返答として、It was fun/difficult.（楽しかった／難しかった）などがあります。

5 今日のめあては達成できましたか?
Did you reach today's goal?

同義の表現として、Did you meet today's goal? があります。

6 今日は、「こちらは誰ですか?」という言い方を学びました。
Today, we learned to say, "Who is this?"

Today, we learned to say でいったん止めて、児童から "Who is this?" という返答を引き出してもよいでしょう。

7 振り返りシートを記入しましょう。
Write your reflection sheet.

reflection は「振り返り」という意味です。furikaeri sheet と日本語を用いてもよいでしょう。他に self-evaluation sheet (自己評価シート) という呼び方があります。

8 次回、自分の写真を持ってくるのを忘れないでください。
Don't forget to bring your photos next time.

Don't forget to do 〜 (〜するのを忘れないでください) と同義の表現として Remember to do 〜 (〜するのを覚えていてください) があります。

9 今日はここまでです。
That's all for today.

省略形として、That's all. と言うこともできます。同義の表現として、That's it for today. や We are finished. などがあります。

10 今日の授業ありがとうございました。
Thank you for today's lesson.

一般的には、Thank you. に対する返答として、従来は You're welcome. (どういたしまして) が使われていましたが、最近は Thank you. と言うことが増えてきました。

Column 英語 Q&A

Q
「放課後」や「学童」などは英語で何と言いますか?

A 英語圏では、学校が終わった後の学童保育および習い事全般の時間を指して after school (放課後) と言います。しかしそれでは What did you do after school? (放課後何をしましたか?) という質問に、児童が「学童に行きました」と答えたいときに困ります。そんなときは I went to an after-school activity. と言います。after-school activity のニュアンスは「習い事」で、学童もそうした放課後にする活動の一つということです。

Exercise))) 24

1. 穴埋めしながら音読しましょう。（答えは前ページ）
2. 音声を聴いて、英文の後について言いましょう。

1
T 今日は宿題があります。
You'll (　　　) (　　　　　) today.

S えー、嫌だ！
Oh, no!

2
T 今日の新出単語をそれぞれ10回書いてきてください。
Write today's new words 10 (　　　) (　　　).

S ノートにですか？
In my notebook?

3
T 遊びに行く前に宿題をすませましょう。
Do your homework (　　　　) you (　　) (　　　) to play.

S 無理！
No way!

4
T さて、今日の授業はどうでしたか？
Now, (　　　) (　　　) today's lesson?

S 楽しかったです！
It was fun!

5
T 今日のめあては達成できましたか？
Did you (　　　) today's goal?

S はい、できました。
Yes, I did.

6 Ⓣ 今日は、「こちらは誰ですか?」という言い方を学びました。
Today, we (　　　　) to (　　　　), "Who is this?"

Ⓢ 「こちらは誰ですか?」と言えます。
I can say, "Who is this?"

7 Ⓣ では、振り返りシートを記入しましょう。
Now, (　　　　) your (　　　　　　) sheet.

Ⓢ 日本語でいいですか?
Is Japanese OK?

Ⓣ はい、いいですよ。
Yes, it is.

8 Ⓣ 次回、自分の写真を持ってくるのを忘れないでください。
(　　　　) (　　　　　) to bring your photos next time.

Ⓢ わかりました。
OK.

9 Ⓣ 今日はここまでです。
That's (　　　) (　　　) (　　　　).

Ⓢ 授業が終わった!
The lesson has finished!

10 Ⓣ ウェンディ先生、今日の授業ありがとうございました。
Wendy sensei, thank you (　　) today's (　　　　).

Ⓢ ありがとうございました、ウェンディ先生。
Thank you very much, Wendy sensei.

答えてみよう 次の英語の質問やお題に自分なりの言葉で答えてみましょう。

How was today's lesson?
(今日の授業はどうでしたか?【理由も一緒に答えてみましょう】)

例 It was difficult because I didn't know the new words.
(新しい単語を知らなかったので、難しかったです)

ALTとの会話①：出迎え

ALTと初めて対面するときの会話で使う表現を覚えましょう。

1　ABC小学校へようこそ。

Welcome to ABC Elementary School.

elementary school はアメリカ式で、イギリス式では primary school です。

2　お会いできてうれしいです。ヒロと呼んでください。

Nice to meet you. Please call me Hiro.

同義の表現として、Feel free to call me Hiro. があります (feel free to ～＝気軽に～する)。日本語の名前は ALT の先生には発音が難しい場合もあるので、ニックネームも伝えるとよいでしょう。

3　児童たちにあなたをどのように呼ばせたらよいですか？

What can I have our students call you?

「have＋人＋do」で「人に～させる」という意味になります。

4　こちらは教頭のウエダ先生です。

This is the vice-principal, Mr. Ueda.

This is ～は人の紹介だけでなく、This is the teachers' room.（こちらが職員室です）のように場所の案内にも用いられます。

5　あなたと仕事ができるのを楽しみにしています。

We are looking forward to working with you.

look forward to ～ing は「～するのを楽しみに待つ」という意味です。to の後の動詞は ing 形になるので気をつけましょう。

6 私は3年生を担当しています。

I'm in charge of the third grade students.

be in charge of ～は「～を担当している」という意味です。

7 校内を案内します。

I'll show you around the school.

「show ＋人＋ around ～」で「(人) に～を見せて回る、案内する」という意味です。

8 ご自由にどうぞ。

Please help yourself.

help oneself は「(飲食物を自由に) 自分で取って食べる、飲む」という意味です。類似の表現として、Please help yourself to a drink. (自由に飲み物を取って飲んでください) があります。

9 休み時間に児童たちと交わってもらえれば、彼らも喜ぶでしょう。

The students would be happy if you joined them during recess.

recess は「休憩時間」を意味しますが、lunch break (昼休憩) のように break を使うこともできます。

10 毎週火曜日の放課後にミーティングがあります。

We have a meeting after school on Tuesdays.

Tuesdays と複数形にすることで、「毎週火曜日」という意味になります。

Column 英語 Q&A

Q 「よろしくお願いします」は英語でなんと言いますか？

A 英語には「よろしくお願いします」にあたる表現がないため、伝えたいことを明確にして、状況に応じた表現に置き換える必要があります。例えば、初対面の ALT との場合、最初の挨拶では Nice to meet you.、会話の終わりであれば I'm looking forward to working with you. で言い換えられます。また、授業開始時に先生と児童が交わす「よろしくお願いします」であれば、Let's <u>enjoy/study</u> English together! と言ってもよいでしょう。

Exercise)) 26

1. 穴埋めしながら音読しましょう。（答えは前ページ）
2. 音声を聴いて、英文の後について言いましょう。

1 Ⓣ ABC 小学校へようこそ。
(   ) (   ) ABC (   ) School.

Ⓐ こんにちは。キャサリン・ブラウンです。
Hi. My name is Katherine Brown.

2 Ⓣ お会いできてうれしいです。タナカヒロシです。ヒロと呼んでください。
(   ) to (   ) you. My name is Tanaka Hiroshi.
Please (   ) (   ) Hiro.

Ⓐ わかりました、そうします。
OK, I will.

3 Ⓣ 児童たちにあなたをどのように呼ばせたらよいですか？
What can I (   ) our students (   ) you?

Ⓐ ケイトと呼ばせてください。
Please have them call me Kate.

4 Ⓣ こちらは教頭のウエダ先生です。
This is the (   ), Mr. Ueda.

Ⓐ はじめまして。
Pleased to meet you.

5 Ⓣ あなたと仕事ができるのを楽しみにしています。
We are (   ) (   ) to (   ) with you.

Ⓐ 子どもたちに会うのが楽しみです。
I can't wait to see the students.

6 Ⓣ 私は 3 年生を担当しています。
I'm (   ) (   ) (   ) the third grade students.

Ⓐ 彼らを教えるのは楽しそうですね。
It'll be fun to teach them.

7

🅣 校内を案内します。こちらが職員室です。
I'll (　　　　) you (　　　　　) the school. This is the teachers' room.

🅐 どこに座ってもよろしいですか?
Can I sit anywhere?

🅣 こちらの机を使ってください。
You can use this desk.

8

🅣 コーヒーやお茶がありますので、ご自由にどうぞ。
We have coffee and tea, so please (　　　) (　　　　).

🅐 ありがとうございます。
Thank you very much.

9

🅣 休み時間に児童たちと交わってもらえれば、彼らも喜ぶでしょう。
The students would be happy if you (　　　) them (　　　) (　　　).

🅐 喜んで。
I'd love to.

10

🅣 毎週火曜日の放課後にミーティングがあります。
We (　　　) a meeting (　　　　) (　　　　) on (　　　　).

🅐 どれくらい時間がかかりますか?
How long does it take?

🅣 議題によります。
It depends on the agenda.

答えてみよう 次の英語の質問やお題に自分なりの言葉で答えてみましょう。

What would you like me to call you?
(どのように呼んでほしいですか?【ALT に聞かれた想定で理由も一緒に答えてみましょう】)

例 My name is Tanaka Kenji. Please call me Ken. I think it sounds friendlier than Kenji.
(私の名前はタナカケンジです。ケンと呼んでください。ケンジよりも親しみやすいと思います。)

ALTとの会話② : 授業前後の打ち合わせ

ALTとの打ち合わせで使う表現を覚えましょう。

Key Phrases 》27 | 音声を聴いてそれぞれの英文を言いましょう。

1

今日は、それぞれの授業は40分です。

Each lesson is 40 minutes long today.

時間、年齢、身長、高さなどを表す場合、「be動詞＋度量句＋形容詞」の形を使います（例：I'm 10 years old.、Mount Fuji is 3,776 meters high.）。

2

5年1組の授業は2時間目です。

We have Year 5, Class 1 in the second period.

学年と組の言い方については、他にFifth Grade (Class) 1やClass 1 of the fifth grade、また簡略的にFive-Oneと言うこともできます。

3

これが今日の指導案です。

This is today's lesson plan.

ALTとの授業はティームティーチングで行うため、この場合の指導案をteam-teaching planと呼ぶこともあります。

4

このトピックに基づいた活動を何か思いつきますか?

Can you think of any activities based on this topic?

think of ～は「～を考えつく」という意味です。

5

1回目の歌の後、私がちょっとした助言をします。

I'll give a little advice after the first singing session.

アドバイスが複数の場合はtwo pieces of adviceのように言います。

6 児童にこれらの基本表現を使ってほしいです。

We want the students to use these basic phrases.

「want ＋人＋ to do」で「(人)に～してもらいたい」という意味になります。

7 この児童には特別な支援が必要です。

This student has special needs.

関連表現として、I will help him/her.（私が彼／彼女を支援します）や I'll take care of him/her.（私が彼／彼女をケアします）があり、担任が対応することを伝えられます。

8 今日の授業についてどう思いましたか?

What did you think of today's lesson?

関連表現として、Did you like today's activity?（今日の活動はよかったですか?）があります。

9 来週の授業の相談をしませんか?

Could we talk about next week's lessons?

talk about ～の同義の表現として、discuss ～があります。

10 来週はタブレットを使って授業をするのはどうでしょうか?

How about teaching with a tablet next week?

How/What about ～ing? で「～してはどうですか?」という意味です。

Column 英語 Q&A

Q

どのようにすれば
ALT が授業で
活躍できるでしょうか?

A 英語の音声モデルや英語表現の適切さを示してもらうだけでなく、文化大使として、ALT の出身国の慣習を話してもらう方法もあります。例えばお金を表すジェスチャーの場合、日本では親指と人差し指で円を作りますが、アメリカでは親指、人差し指、中指を擦ります。また、同じジェスチャーでも意味が異なる場合もあります。手のひらを下に向けて前後に動かす動作は、日本では「こっちに来て（Come here）」、アメリカでは「あっちへ行け（Go away）」を意味します。

Exercise 》)) 28

1. 穴埋めしながら音読しましょう。（答えは前ページ）
2. 音声を聴いて、英文の後について言いましょう。

1 T 今日は、それぞれの授業は40分です。
Each lesson is 40 (   ) (   ) today.

A はい、わかりました。
OK, I've got it.

2 T 5年1組の授業は2時間目です。
We have (   ) 5, (   ) 1 in the second
(   ).

A 問題ありません。今日はどんな活動をしましょうか?
No problem. What activities do you think we'll do
today?

3 T 私たちは新しい単元に入ります。これが今日の指導案です。
We're starting a new unit. This is today's (   )
(   ).

A 面白そうですね。
That looks interesting.

4 T このトピックに基づいた活動を何か思いつきますか?
(   ) you (   ) of any activities based on this
topic?

A ダンスが楽しいと思いますよ。児童たちはダンスをしながら歌を歌えますね。
I think dancing would be fun. The students can sing
while they're dancing.

5 T いいアイディアです。1回目の歌の後、私がちょっとした助言をします。
That's a good idea. I'll (   ) a (   ) (   )
after the first singing session.

A それでいいですよ。
That's fine.

6

🅣 児童にこれらの基本表現を使ってほしいです。
We want the students to use these (　　　　)
(　　　　　).

🅐 わかりました。それらを今日の活動の中に入れましょう。
All right. I'll put these in today's activities.

7

🅣 この児童には特別な支援が必要です。私が彼をケアします。
This student (　　　) (　　　　) (　　　　). I'll take care of him.

🅐 そうしていただけるとありがたいです。
That would be great.

8

🅣 この授業についてどう思いましたか?
(　　　) did you (　　　　) (　　) today's lesson?

🅐 とてもよかったですね。
It was pretty good.

9

🅣 来週の授業の相談をしませんか?
(　　　) (　　　) talk about next week's lessons?

🅐 いいですよ。どうぞ。
Sure. Go ahead.

10

🅣 来週はタブレットを使って授業をするのはどうでしょうか?
(　　　) (　　　　　) teaching with a tablet next week?

🅐 わかりました。パワーポイントのスライドを作ってきますね。
Sure. I can prepare some PowerPoint slides.

答えてみよう 次の英語の質問やお題に自分なりの言葉で答えてみましょう。

Could we talk about next week's lessons?
([ALT に話しかけられた想定で] 来週の授業について相談しませんか?【3文以上で答えてみましょう】)

例 OK. I think bingo would be good. The students always like that game. I'll prepare it for you.
（わかりました。ビンゴゲームはどうでしょうか?児童はいつもそのゲームが好きです。私が準備しますよ）

ALTとの会話③：授業中の対話

授業中にALTとの会話で使用する表現を覚えましょう。

Key Phrases))) 29 | 音声を聴いてそれぞれの英文を言いましょう。

1 先週末どのように過ごしたか、児童に話してもらえますか？
Would you tell the students how you spent last weekend?

Would you 〜?の丁寧な言い換えとして、Could you 〜?があります。

2 あなたの国の動物について話してもらえませんか？
Would you mind talking about animals in your country?

mindは「〜を嫌だと思う」という意味なので、返答に気をつけましょう。Yes. が「嫌です」、「〜します」はNo.やNot at all.（嫌ではありません）となります。

3 「キリン」を英語で何と言いますか？
What's the word for "*kirin*" in English?

関連表現として、How do you pronounce this word?（この単語をどう発音しますか？）やHow do you spell "giraffe"?（「ジラフ」をどうつづりますか？）があります。

4 質問をしてもいいですか？
May I ask a question?

関連表現として、肯定文のI have a question.（質問があります）があります。複数の質問がある場合は、I have some questions.。

5 アメリカでは「taxi」と「cab」のどちらがよく使われていますか？
Which is more common in the United States, "taxi" or "cab"?

「よく使われる」を、common（一般的な）を用いて表現しています。

6 なるほど。
I see.

see に強勢を置くことで一般的な相づちになったり、Oh, I see. として Oh に強勢を置くことで驚きを表したりすることができます。

7 児童にその会話を実演して見せましょう。
We'll demonstrate the conversation to the students.

類似の表現として、We'll model the conversation for the students.（児童に会話の見本を示しましょう）があります。また、conversation の同義語として、dialogue（対話）があります。

8 簡単な英語で児童に何をすべきかを言ってもらえませんか？
Would you tell the students what to do in simple English?

同義の表現として、Could you give some directions to the students in simple English? があります。

9 やりたい人を募ってくれませんか？
Could you ask for volunteers?

ask for 〜 は「〜を求める」という意味です。

10 彼女に何かアドバイスをしてくれませんか？
Can you give her some advice?

通常、疑問文や否定文では some を any に変えますが、相手が yes と言うことが予想・期待される場合、疑問文でも some を用います。

Column 英語Q&A

Q

児童の前で
ALT と話をする際、
何に留意すべき
でしょうか？

A ALT との対話には、大別すると「事前に準備をした対話」と「その場での臨機応変な対話」があります。後者の場合、緊張して早口で話してしまいがちになりますが、Classroom English や既習文型・表現が活用できないかどうかを考えたり、数多くの短い文を、それぞれゆっくりと話したりするとよいでしょう。ALT が話し相手であっても、児童は二人の対話を聞いています。難しい表現を避け、英語を使うモデル例を見せるように心がけましょう。

Exercise))) 30

1. 穴埋めしながら音読しましょう。(答えは前ページ)
2. 音声を聴いて、英文の後について言いましょう。

1 T 先週末どのように過ごしたか、児童に話してもらえますか?
（　　　　）you（　　　）the students（　　　）you
spent last weekend?

A いいですよ。私は奈良に行きました。
OK. I went to Nara.

2 T あなたの国の動物について話してもらえませんか?
（　　　　）you（　　　）（　　　　）about animals in
your country?

A いいですよ。私の国はカンガルーで有名です。
Not at all. My country is famous for kangaroos.

3 T 「キリン」を英語で何と言いますか?
What's the（　　　）for "*kirin*"（　　）English?

A "giraffe" です。
It's "giraffe."

4 T 質問をしてもいいですか?
（　　）（　　）（　　　）a question?

A もちろんです。どうぞ。
Sure. Go ahead.

5 T アメリカでは「taxi」と「cab」のどちらがよく使われていますか?
（　　　　）is more（　　　　）in the United States,
"taxi" or "cab"?

A 「cab」の方がよく使います。
We use "cab" more often.

6 A 一方で、イギリスでは「taxi」がより使われています。
On the other hand, "taxi" is more popular in the
United Kingdom.

T なるほど。それは面白いですね。
(　　　)(　　　　　). That's interesting.

7 **T** 児童にその会話を実演して見せましょう。
We'll (　　　　　　　　) the conversation (　　　　) the students.

A わかりました。
All right.

8 **T** 簡単な英語で児童に何をすべきかを言ってもらえませんか?
Would you (　　　　) the students (　　　　)(　　) do in simple English?

A わかりました。みなさん、4人グループを作ってください。
OK. Everyone, make groups of four.

9 **T** やりたい人を募ってくれませんか?
(　　　　　) you (　　　　　) for (　　　　　　)?

A わかりました。問題ありません。
Sure. No problem.

10 **T** 彼女に何かアドバイスをしてくれませんか?
Can you (　　　　) her some (　　　　　)?

A そうですね。彼女の発音はきれいでした。しかし、もっと自信を持って話す必要があります。
Well, her pronunciation was beautiful. However, she needs to speak with more confidence.

答えてみよう 次の英語の質問やお題に自分なりの言葉で答えてみましょう。

We're going to play *karuta*. Tell the students what to do in simple English.
(カルタをします。簡単な英語で児童に何をするか言いましょう【3文以上で答えてみましょう】)

例 First, make groups of four. Next, spread the picture cards out on the table. Then, the leader will read aloud the description cards.
(まず、4人の班を作ってください。次に、絵カード (取り札) を机の上に広げます。そして、司会者が読み札を声に出して読みます)

Quick Review

空欄に単語を入れて、フレーズを復習しましょう。答えはページ下にあります。

Key Phrases

1 今日は何月何日ですか？
What's the (　　　) (　　　)?

2 リズムに合わせて手をたたいてください。
(　　　) your (　　　) to the rhythm.

3 これを英語で何と言いますか？
(　　　) do you (　　　) this (　) English?

4 質問はありますか？
Do you have (　　　) (　　　　　　)?

5 ペアで作業しましょう。
Work (　) (　　　).

6 誰かやりたい人はいますか？
(　　) (　　　　　　)?

7 カードを何枚取りましたか？
(　　) (　　　) cards did you get?

8 ゆっくりしてください。
(　　) (　　) (　　).

9 私は3年生を担当しています。
I'm (　) (　　　) (　) the third grade students.

10 今日の授業についてどう思いましたか？
(　　) did you (　　) (　) today's lesson?

1 date / today **2** Clap / hands **3** How / say / in **4** any / questions **5** in / pairs **6** Any / volunteers
7 How / many **8** Take / your / time **9** in / charge / of **10** What / think / of

2. こんなときはこう言う

このセクションでは、知っていると、英語の授業だけでなく授業以外の場面でも使える便利なフレーズを練習します。

ほめたたえ・励まし

ほめたたえや励ましのときに使う表現を覚えましょう。

Key Phrases))) 31 | 音声を聴いて英文を言いましょう。

1）すばらしい！ ➡ Wonderful!
類似の表現として、Amazing!、Awesome!、Beautiful!、Brilliant!、Excellent!、Fantastic!、Good!、Super! などがあります。

2）よくできました！ ➡ Good job!
行った作業や活動についてほめるときに用います。good の代わりに great や nice を、job の代わりに work を用いることもあります。この例のように2語で言うことが多いですが、文頭を省略せずに、You did a good job! と言うこともあります。

3）いい答えです！ ➡ Good answer!
「Nice/Good ＋名詞」の形で、具体的な事柄をほめる表現になります。

4）やったね！ ➡ Well done!
同義の表現として、Way to go! があります。

5）最高だ！ ➡ Couldn't be better!
文頭を省略せずに、It couldn't be better than this. と言うこともあります。

6）すごいね！ ➡ I'm proud of you!
proud は「誇らしく思う」という意味で、児童が素晴らしいことをした場合に使えます。I'm so proud of you. のように so を用いると、ほめる度合いが強まります。

7）あなたの考えはいいね！ ➡ I like your idea!
「I like ＋名詞」の形を用いることで、ほめている内容を明確にすることができます。

8）頑張り屋さんですね。 ➡ You're a hard worker.
類似の表現として、You work very hard. があります。

9）その調子で頑張ってください。 ➡ Keep up the good work.
Keep up ～は「～を維持する」という意味です。

10）いい子だね！ ➡ Good boy!
男児がお手伝いなどをしてくれたときに使います。女児に向けては Good girl! と言います。

11） よくなっています。 ➡ **You're getting better.**

行っている事柄に対して上達しているときに使うことができます。

12） ベストを尽くしましょう！ ➡ **Do your best!**

同義の表現として、Try your best! があります。

13） 諦めないでください。 ➡ **Don't give up.**

類似の表現として、Keep trying.（諦めないでやってみましょう）、Hang in there.（［最後まで 諦めずに］頑張れ）があります。

14） 恥ずかしがらないで。 ➡ **Don't be shy.**

児童の積極性を引き出すときに使うことができます。

15） もう一度やってごらん。 ➡ **Try again.**

同義の表現として、Give it another try. や Give it another shot. があります。

16） やってごらん！ ➡ **Go for it!**

類似の表現として、Come on!（さあ、ほら［やってごらん！］）や You can do it!（やればできる よ！）があります。

17） 元気出して！ ➡ **Cheer up!**

相手の意欲をかき立てるときに使うことができます。

18） それについて気にしないでください。 ➡ **Don't worry about it.**

類似の表現として、Never mind. があります。

19） うまくいくといいですね。 ➡ **Good luck!**

元々は「幸運を祈っています」という意味ですが、児童が何かに挑戦しようとするときに使う ことができます。

20） 痛みなくして得るものなし。 ➡ **No pain, no gain.**

「苦労がないと成功はない」ということわざです。同義の表現として、No gains without pains. があります。

Column 英語 Q&A

Q

ほめるときは どのようなほめ方でも よいのでしょうか？

Ⓐ ほめられると自信にもつながりますので、積極的にほめる ことは大切です。一方で、言い方には注意を払う必要があ ります。「あなたは天才だね！」のような児童の能力・才能をほめ ることは、やる気を起こすには効果があるかもしれません。しかし、 この点が強調されすぎるとその考えが固定化され、努力をしなく なる可能性があります。そのため、ほめるときは「勉強を頑張っ たね！」のような努力・姿勢などの学習過程を重視したほめ方を するようにしましょう。

理解確認・聞き返し・発言促し

理解確認・聞き返し・発言促しのときに使う表現を覚えましょう。

Key Phrases))) 32 | 音声を聴いて英文を言いましょう。

1） それを聞き取れましたか？ → **Did you catch that?**

catch は「聞き取る」という意味です。文頭を省略して Catch that? と言うこともできます。

2） わかりますか？ → **Do you get it?**

この場合の get は「わかる、理解する」という意味です。文頭を省略した Get it?、また、過去形を用いた Did you get it? やその省略形の Got it? も使えます。

3） 理解していますか？ → **Do you understand?**

文頭を省略して Understand? と言うこともできます。

4） わかりますか？ → **Are you with me?**

with は文字通りには「～と一緒に」という意味ですが、ここでは「～の話についてきている、～の言うことが理解できている」という意味です。

5） ついてきていますか？ → **Do you follow me?**

follow は「～についていく、～の言うことを理解する」という意味です。現在進行形にした Are you following me? でもよいです。

6） はっきりしましたか？ → **Is that clear?**

関連の表現として、Is everything clear?（全部わかりましたか？）があります。

7） わかりますか？ → **Does it make sense?**

make sense は「意味を成す、理解しやすい」という意味です。文頭を省略して Make sense? と言うこともできます。

8） すみませんがもう一度言ってもらえますか？ → **Excuse me?**

同義の表現として、Sorry?（もう一度言ってもらえますか？）があります。どちらも文末を上げ調子で言います。

9） もう一度言ってくれませんか？ → **I beg your pardon?**

beg は「～を請う」、pardon は「許し」の意味です。I を省略して Beg your pardon? と言うこともできます。同義の表現として、Pardon (me)? もあります。

10）「パイナップル」って言ったのですか？ → **You said, "Pineapple," right?**

相手に確認を取るときに使う質問形式です。「～, right?」は、付加疑問文と同様に「～ですよね？」という意味で、文末を上げ調子で言います。

11）それをもう一度言ってもらえますか？ → Would you say that again?

文頭を省略してSay that again? と言うこともできます。

12）何と言いましたか？ → What did you say?

単にWhat?という言い方もありますが、日本語で「えっ何？」という感じでぶっきらぼうに響くため、親しい間柄以外では使用しないほうがよいでしょう。

13）本当ですか？ → Really?

話の内容に対する驚きを表したり、相手に発話を促す相づちとして使えます。類似の表現にAre you sure?（本気ですか？）もありますが、これは特に相手の発言の信憑性を確かめる表現です。

14）もう少し詳しく言ってください。 → Tell me more.

相手の発話内容が不十分なときに発話を促す表現です。聞き手が複数いる場合、Tell us more. と言うこともできます。

15）どういう意味ですか。 → What do you mean?

文末にby 〜を付け加えることによって、「〜とはどういう意味」となります。

16）どう思いますか？ → What do you think?

相手に意見を求める場合に用います。

17）あなたの意見はどうですか？ → What's your opinion?

opinion は「意見」という意味です。このように聞くことで、発言を促すことにつながります。

18）あなたはどうですか？ → How about you?

同義の表現として、What about you? もあります。

19）あなたはどうですか？ → And you?

ある事柄について教師が発言した後に、児童にも同じことを尋ねる際にこの表現を用います。文末は上昇基調にします。

20）他に何かありますか？ → Anything else?

言われたことについて付け加えたいことがあるかどうか尋ねる際に用います。

Column 英語Q&A

Q

児童の発話に対する
フィードバックは
どう行えばよいですか？

A 児童の発話の間違いにフィードバックするタイミングとしては、直後が最も効果的です。加えて、フィードバックの仕方も大切です。フィードバックには、学習者が間違いに気づくように教師が正しい表現を明確に指摘して修正する「明示的フィードバック」と、学習者の間違いを教師が会話の流れに沿って正しく言い直す「暗示的フィードバック」があります。意外にも、明示的に間違いを指摘するよりも暗示的にフィードバックする方が効果的であると言われています。会話途中での間違いの指摘は、児童の発話意欲を減少させ、発話が寸断される弊害も大きいです。

注目・集中・注意

注目・集中・注意のときに使う表現を覚えましょう。

Key Phrases))) 33 | 音声を聴いて英文を言いましょう。

1) 私の方を見てください。 → **Look at me.**
話し手である教師に注目させるときに使います。

2) いいですか。 → **Listen.**
listen は「(耳を傾けて) 聴く」という意味ですが、注意を促す際にも使えます。同義の表現として、Listen to me. や Listen up. (よく聴いてください) があります。

3) 注目してもらえますか？ → **May I have your attention?**
attention は「注意・注目」という意味です。簡略化した Attention, please. もよく使われます。

4) 顔を上げてください。 → **Look up.**
up は「(顔・視線を) 上に」の意味で、下を向いている児童の視線を教員の方に向けさせるために用いられます。

5) よく見てください。 → **Take a close look.**
close /klóus/ は「近い、綿密な」という意味の形容詞です。動詞の close /klóuz/ (閉じる) とは発音が異なるので気をつけましょう。

6) 自分の作業に集中してください。 → **Concentrate on your work.**
concentrate は「集中する」、work は「作業・学習」を意味します。

7) 行儀よくしてください。 → **Behave yourself.**
behave は単独では「振る舞う」という意味ですが、behave oneself で「(子どもが) 行儀よくする」となります。複数の児童に言う場合は、yourself を yourselves と複数形にします。

8) 静かにしてください。 → **Be quiet.**
単に Quiet. と言うこともありますが、通常は please を添えて使います。同義の表現として、Shut up! がありますが、「黙れ！」という語調の強い言い方なので使わない方がよいです。

9) おしゃべりをやめてください。 → **Stop talking.**
「〜するのをやめてください」は「Stop ＋〜ing」の形で言います。同義の表現として、「No 〜ing」を用いた No talking. や「Don't 〜」を用いた Don't talk. などがあります。

10) 騒がないでください。 → **Don't be noisy.**
noisy は noise「騒音」の派生語で「騒がしい」という意味です。

11） うるさくしないでください！ → **Don't make a sound!**

make (a) sound は「騒ぐ」という意味です。児童が大声で騒ぎすぎるときには、Don't make such a/so much noise.（そんなに騒いではいけません）と言います。

12） 「私が」今話しています。 → **I am talking now.**

「I」に強勢をおいて発言すると、「私が今話をしていますので聞いてください」の意味になります。

13） 聞いていますか？ → **Are you listening?**

児童への呼びかけとして用いられます。

14） 気をつけて！ → **Look out!**

同義の表現として、Be careful! やより語調の強い Watch out! があります。

15） そんなことをしてはいけません。 → **Don't do that.**

類義の表現として、You must never do that again.（二度とそんなことをしてはいけません）があります。

16） 物を投げないでください。 → **Don't throw things.**

黒板に向けて何かを投げている場合、things の後に at the blackboard と続けてもよいです。

17） 意地悪しないでください。 → **Don't be mean.**

mean は「意地が悪い」という意味です。「〜を意味する」の mean と同じ発音ですが意味は異なりますので、気をつけましょう。

18） 何しているの？ → **What are you doing?**

doing に強勢を置いて発声することで、強い注意の意図を含むことができます。

19） 言い訳はやめましょう。 → **No excuses.**

excuse は「言い訳」という意味です。

20） やめなさい。 → **Cut it out.**

児童が何かよくないことをしているときに発する表現です。同義の表現として、Stop it. があります。

Column 英語 Q&A

Q

次の課題に移る際に気をつけることはありますか？

A 近年の研究に「Invisible gorilla」（見えないゴリラ）実験があります。黒シャツを着た人に交じって白シャツを着た人がボールをパスし合う回数を、視聴者が数えるというものです。興味深いのは、パスの最中に着ぐるみのゴリラがカメラの前を横切りますが、ゴリラの存在に気づかない視聴者が一定数いることです。この研究が示唆しているのは、人はある事柄に集中していると、視野に入っている事柄でも見落とすことです。次の活動に移る際に児童がまだ前の活動をしている場合は、声かけ等をして児童の注意を話や活動に向けさせる必要があります。

手伝いの求めと申し出・配布と回収

手伝いの求めと申し出・配布と回収のときに使う表現を覚えましょう。

Key Phrases 》)) 34 | 音声を聴いて英文を言いましょう。

1）手伝ってください。➡ Help me, please.
より丁寧に言う場合、Can anyone help me? (誰か手伝ってくれませんか?) となります。

2）手伝いましょうか? ➡ Can I help you?
より丁寧な表現として、Could/May I help you? もあります。

3）かばんを運ぶのを手伝ってくれませんか? ➡ Can you help me with my bag?
「with+名詞」をつけることで、手伝いの内容を具体的に言うことができます。Can you を Could/Would you 〜?とすれば、より丁寧になります。

4）手を貸してください。➡ Please lend me a hand.
lendは「〜を貸す」という意味です。同義の表現として、Give me a hand. もあります。

5）ちょっと助けてください。➡ I need some help.
このsomeは不可算名詞と一緒に用いて、「いくらかの、多少の、少しの」を意味します。

6）手伝いますよ。➡ I'll help you.
進んで助ける意志を伝えるときの表現です。I need some help. (Key Phrase 5) を言われた場合、Sure, I'll help you. (もちろん、手伝いますよ) と返すこともできます。

7）手伝ってあげますよ。➡ I'll do it for you.
for you を省略して I'll do it. だけでもよいです。

8）手伝いが必要ですか? ➡ Do you need any help?
この場合の any は「(あるかどうかわからないが) いくらか」という意味です。「(あることはわかっている状況で) いくらか」は some を使います。

9）手伝ってほしいですか? ➡ Do you want me to help you?
to 以下を help you out と言うこともあります。意味はほぼ同じですが、out がつくと「手伝う」より「(困難から) 助け出す」という意味合いになります。

10）プリントを配ります。➡ I'll give you some worksheets.
give の代わりに distribute (配る) を使って、I'll distribute some worksheets. とも言えます。「プリント」は worksheet と言います。

11） 一つとってください → **Take one.**

a/one copy のような「a/one＋名詞」の簡略的な言い方として、one をこのように使います。

12） プリントを次の人に渡してください。 → **Hand the worksheets to the next person.**

hand は「〜を手渡す」という意味です。hand over 〜のように over をつけることもあります。

13） 後ろの人に渡してください。 → **Pass them to the person behind you.**

「後ろに」とだけ言う場合には、Pass them back.（後ろに回してください）と言えます。

14） はい、問題用紙です。 → **Here are the question sheets.**

「Here is/are 〜」は「ここに〜があります」という意味で、物を渡す際によく使われます。is になるか are になるかは〜に入る名詞の単数複数によります。

15） はい、どうぞ。 → **Here you are.**

Here に強勢を置いて発話します。同義の表現として、Here you go. や Here it is. もあります。

16） みなさん、持っていますか？ → **Does everyone have one?**

同義の表現として、Did everyone get one? があります。（one の使い方は Key Phrase 11 参照）

17） 後ろからノートを集めてください。 → **Collect the notebooks from the back.**

collect は「回収する」という意味です。列の後ろから順に集めてもらう場合に使います。

18） 用紙を前に送ってください。 → **Pass your sheets forward.**

forward（前に）の代わりに、to the front（前へ）と言い換えることもできます。

19） それを私に提出してください。 → **Give it to me.**

「提出する」には submit と hand in もあります。hand in を使う場合、代名詞は、hand と in の間にはさみます。名詞であれば、Hand in the sheet to me. のように in の後に置きます。

20） 全員宿題を提出しましたか？ → **Has everyone turned in their homework?**

turn in は hand in に比べると、少しフォーマルな言い方です。

Column 英語 Q&A

Q 教師の発話には命令文が多いですが、命令ばかりでよいのでしょうか？

A 例えば、何度注意しても児童が静かにしない時は、Be quiet!（静かにしなさい！）と命令口調になるでしょう。一方で、普通の授業で Pass your sheets forward. と言った場合、「用紙を前に渡せ」のような命令口調ではなく、「渡してください」のような指示・依頼口調と感じるのが普通でしょう。また、命令文だからと常に please をつけようとする人もいます。つけすぎると、かえってくどくなることもあります。適度に please 使い、丁寧に言いたい場合は Can/Would/Could you 〜? 等を用いるとよいでしょう。

感謝・謝罪

感謝・謝罪のときに使う表現を覚えましょう。

Key Phrases 》35 | 音声を聴いて英文を言いましょう。

1) ありがとう。 → **Thank you.**

丁寧な言い方として、Thanks a lot.、Thank you very/so much. などがあります。返答としては、You're welcome. (どういたしまして) や My pleasure. (私こそうれしいです) があります。

2) 手伝ってくれてありがとう。 → **Thank you for your help.**

for の後に感謝する理由を述べます。「あなたの親切に感謝します」であれば、Thank you for your kindness. となります。

3) 手伝ってくれて感謝します。 → **I appreciate your help.**

appreciate は「～を感謝します」という意味です。Key Phrase 2 に続けて、I appreciate it. と言ってもよいでしょう (it は help を指します)。

4) とても感謝しています。 → **I'm very thankful.**

「感謝している」という形容詞 grateful を使って I'm very grateful. と言うことも出来ます。

5) ご親切ありがとうございます。 → **It's very kind of you.**

kind (親切な) の代わりに nice (素敵な) を用いた言い方も可能です。関連表現として、感嘆文を用いた How kind/nice of you. もあります。

6) とても助かります。 → **You are so helpful.**

help から派生した形容詞 helpful (助かる) を用いる場合です。

7) とても助かりました。 → **You helped me a lot.**

助けてもらった特定の場面を念頭に感謝の気持ちを伝える表現です。

8) あなたのおかげです。 → **You're great.**

逐語的には「あなたは素晴らしい」という意味ですが、相手に感謝を述べる場合にも用いられます。類似の表現として、You're the best. (あなたは最高です) もあります。

9) あなたのおかげでとても助かりました。 → **I'm much obliged to you.**

be obliged to ～で「～に恩義がある、～に感謝している」という意味です。

10) 手伝ってもらえてとてもよかったです。 → **Your help was very welcome.**

welcome は「歓迎する」という動詞でも使いますが、ここは「(物事が) 喜ばしい、うれしい、ありがたい」という意味の形容詞です。

11）どうもありがとう → I owe you big time.

owe は「〜に借りている、〜に恩義がある」という意味です。big time は a lot（とても）と同じ意味です。

12）ごめんなさい。→ I'm sorry.

Sorry. はカジュアルな表現なので、丁寧に謝りたい場合は省略しない方がよいでしょう。

13）遅くなってごめんなさい。→ (I'm) Sorry I'm late.

sorry のあとに that 節が続きます（この場合は省略されている）が、他に to do と for 〜ing を続けるパターンもあります（例：I'm sorry to be late.、I'm sorry for being late.）。

14）申し訳ありません。→ I apologize.

apologize は「謝る」という意味です。謝る理由を述べる場合には for を使って、I apologize for the delay.（遅れて申し訳ありません）のように言います。

15）許してください。→ Forgive me.

forgive は「許す」という意味です。相手に対して悪いことや大きな迷惑をかけた場合に使います。許す場合は、I forgive you.（許します）と言います。

16）すみません。→ Excuse me.

些細な失礼や間違いをした場合に使います。発話の際は文末を下げ基調にします。

17）間違っていました。→ I was wrong.

類似の表現として、I was mistaken. や I misunderstood.（勘違いしていました）もあります。

18）私の間違いです。→ It's my fault.

文頭を省略して、My fault. と言うこともできます。類似の表現として、That is my mistake. や My mistake.、My bad.（私のせいだ）があります。

19）私が不注意でした。→ I was careless.

-less は「〜が足りない」という意味で、この場合は care（注意）が足りないとなります。

20）あなたが正しいです。→ You're right.

自分の誤りを認めると同時に、相手が正しい場合はそれを口頭で伝えることが大切です。

Column　英語 Q&A

Q

「すみません」は I'm sorry. でよいのでしょうか？

A　日本語では、席を譲ってもらったときや、道に迷って人に尋ねるときに、「すみません」と言うことが多いでしょう。I'm sorry. は人に迷惑をかけてしまったことについて謝罪するとき、あるいは訃報などのよくない知らせを聞いて残念に思うときに使う表現です。そのため、上の「すみません」は I'm sorry. よりも、Thank you. や Excuse me. を用いる方が適切になります。同じ「すみません」でも状況に応じた英語表現を用いるようにすると同時に、児童にもそのことを伝える必要があるでしょう。

Quick Review

空欄に単語を入れて、フレーズを復習しましょう。答えはページ下にあります。

Key Phrases

1 よくできました！
Good ( )!

2 それについて気にしないでください。
Don't ( ) ( ) it.

3 わかりますか？
Do you ( ) ( )?

4 もう一度言ってくれませんか？
I ( ) your ( )?

5 注目してもらえますか？
May I ( ) your ( )?

6 静かにしてください。
Be ( ).

7 手を貸してください。
Please ( ) me a ( ).

8 はい、どうぞ。
( ) you are.

9 手伝ってくれてありがとう。
( ) you for your ( ).

10 遅くなってごめんなさい。
I'm ( ) I'm ( ).

Part 2 / School English
学校生活英語

1. 学校の一日

Part 2では学校生活に関するフレーズと語句を紹介します。これらのフレーズや語句を身につけ、表現の幅を広げましょう。このセクションでは、朝の会からクラブ活動まで、学校の一日をフレーズや語句で表現します。

朝の会・帰りの会で使う表現を覚えましょう。

Key Phrases   ))) 36 │ 音声を聴いてそれぞれの英文を言いましょう。

1 日直は朝の挨拶のかけ声をお願いします。

Today's leaders, please call out the morning greetings.

日直制度は英語圏では一般的ではありません。対応する役割を表す表現としては、today's leader 以外に、duty（職務、責務）を使った person on duty、student on class duty、on-duty student などがあります。

2 出席を取ります。

I'll call the roll.

roll は「名簿」という意味です。類義の表現として、I'll check the attendance.（attendance ＝出席）があります。名前を呼ばれた児童は、「はい」を意味する Here. や Yes. と答えます。欠席の場合は、He/She is absent.（彼／彼女は欠席です）と教師が言います。

3 元気いっぱいですね。

You're full of energy.

full of ～は「～でいっぱいの」という意味です。体調がよくなさそうな児童に対しては、You don't look well.（元気なさそうですね）などと言います。

4 今日は健康診断がありますので、忘れないでください。

Don't forget we're going to have a health check today.

未来表現には be going to と will があり、前者は決まっている予定や未来、後者はまだ決まっていない予定や未来を表します。「健康診断」は health check と言います。

5 みなさんに一言注意があります。

We have a word of caution for you.

caution（注意）は warning（警告）より軽い意味があります。類義の表現として、We give you a word of caution. があります。

6 今日のいい話は、アオイさんが下級生の手助けをしたことです。
Today's good news is that Aoi gave a junior student a hand.
「下級生」の類義語として、lower grade student があります。「上級生」は senior (student) や upper grade student と言います。

7 みなさん、今週も本当にたくさんのことを学びましたね！
Everyone, you have all learned a lot this week, too!
ここの all は副詞で「まったく、すっかり」という強調の意味を表します。

8 来週月曜日の時間割を確認しましょう。
Let's check next Monday's class timetable.
class timetable（時間割）の類義語として、class schedule があります。

9 上履きをおうちに持って帰りましょう。
Take your indoor shoes home with you.
take は児童が家に持って帰るときに、類義の bring は児童が学校に持ってくるとき（例：Bring your indoor shoes to school.［上履きを学校に持ってきましょう］）に使います。

10 放課後はまっすぐ家に帰りましょう。
Go straight home after school.
straight は「まっすぐに」の意味です。関連表現として、stop/drop by（寄り道をする）を用いた、Don't stop/drop by anywhere after school. があります。

Column 英語 Q&A

Q

「えーっと」のような
言葉を英語で
どのように
言うのでしょうか？

A 話の途中で言葉が出てこないときに出てくる「えーっと」などのつなぎ言葉を「フィラー (filler)」と言います。多くの人が口癖として無意識に発しています。このフィラーを英語でもうまく使えると、自然で流暢な英語を話しているように聞こえますので、積極的に使ってみるようにしましょう。
- 「uh（ァー）」（あー、えー）
- 「um（ァーム）」（えーと、うーん）
- 「well（ウェル）」（そうですね、さて）
- 「let me see」（ええっと、そうですね）

Exercise　))37

1. 穴埋めしながら音読しましょう。(答えは前ページ)
2. 音声を聴いて、英文のあとについて言いましょう。

1　**T** 日直は朝の挨拶のかけ声をお願いします。
Today's (　　　　), please (　　　　) out the morning
(　　　　).

　　S みなさん、起立。先生、おはようございます。
Everyone, stand up. Sensei, good morning.

2　**T** 出席を取ります。ミキさん。
I'll (　　　) the (　　　). Miki.

　　S はい!
Here!

3　**T** ナナさん、元気いっぱいですね。
Nana, you're (　　　) of (　　　).

　　S はい、そうです!
Yes, I am!

4　**T** 今日は健康診断がありますので、忘れないでください。
Please don't forget we're (　　　　) (　　) have a
(　　　) (　　　) today.

　　S 何時間目ですか?
Which period is it?

5　**T** みなさんに一言注意があります。先週、廊下を走って他の人とぶつかっ
た人がいました。屋内では走ってはいけません。
We have a (　　　) of (　　　　) for you. Last week,
a student ran into another person. So, you must not
run indoors.

　　S わかりました。
We got it.

6 T 今日のいい話は、アオイさんが下級生の手助けをしたことです。
Today's good ( ) is that Aoi gave a ( ) student a ( ).

S それはすごい！
That's great!

7 T そうですね、みなさん、今週も本当にたくさんのことを学びましたね！来週もこの調子で過ごしましょう！
Well, everyone, you have ( ) ( ) a lot this week, ( )! Please keep it up next week!

S はい、そうします！
Yes, we will!

8 T 来週月曜日の時間割を確認しましょう。1時間目は国語です。
Let's ( ) next Monday's ( ) ( ). The first period is Japanese.

S うん。
Yeah.

9 T 今日は金曜日です。上履きをおうちに持って帰り、洗いましょう。
Today is Friday. So ( ) your ( ) shoes home ( ) you and wash them.

S はい、先生。
All right, sensei.

10 T みなさん、いいですか。放課後はまっすぐ家に帰りましょう。
Everyone, listen. ( ) ( ) home after school.

S わかってます。さようなら、先生。
We know. Goodbye, sensei.

答えてみよう 次の英語の質問やお題に自分なりの言葉で答えてみましょう。

Tell me about something good you did today or yesterday.
（今日や昨日にあなたがした何かよいことを話してください【2文以上で答えてみましょう】）

例 I gave an elderly person a seat on the bus. I felt good about myself after that.
（バスの中でお年寄りに席を譲りました。その後気分がよかったです）

Word List))38 | 次の日本語を英語に直しましょう。

校章	鉛筆削り
名札	朝の会
制帽	帰りの会
制服	休み時間
ランドセル	学校のチャイム
ティッシュペーパー	日直
ハンカチ	学級日誌
水筒	教壇
連絡帳	本棚
上履き	水槽
手提げ袋	ロッカー
ボールペン	掲示板
はさみ	時間割
シャープペンシル	扇風機
下敷き	花瓶

3ヒントクイズ 3つのヒントから答えの単語を当てましょう。

ヒント1 The school children wear it.

ヒント2 It has several Japanese letters on it.

ヒント3 It shows who you are.

school badge	pencil sharpener
name tag	morning meeting
school cap	afternoon meeting
school uniform	recess
school backpack	school chime
tissues	today's leader
handkerchief	class diary
water bottle	teacher's platform
communication notebook	bookshelf
indoor shoes	fish tank
carry bag	locker
ballpoint pen	noticeboard
scissors	class timetable
mechanical pencil	(electric) fan
pencil board	vase

▶ ヒントの訳

1. 児童が身に着けています。

2. 日本語の文字がいくつも書いてあります。

3. それを見るとあなたが誰なのかわかります。

答え name tag（名札）

時間割・授業科目①：国語、社会

国語、社会の時間に使う表現を覚えましょう。

Key Phrases))) 39 | 音声を聴いてそれぞれの英文を言いましょう。

1 新出漢字の書き順を確認してください。

Check the stroke order of new kanji characters.

stroke は「(ペン・筆などで書く) 動作、(ペン・筆などで書いた) 線」、order は「順番」、character は「文字」という意味です。

2 夏の季語を用いて、俳句を作ってください。

Create a haiku using summer season terms.

俳句は海外でもよく知られており、haiku は英単語として確立しています。関連語句として、poem (詩) やshort Japanese poem (短歌) があります。「季語」は season term と言います。

3 友達と先生のどちらに敬語を使いますか?

Who do you use polite expressions with, your friend or teacher?

polite expression は「敬語」という意味で、同義の表現として、honorific word があります。

4 清少納言の代表作は何でしょうか?

What is Sei Shonagon's major work?

「代表作」の類義の表現として、well-known work があります。

5 この登場人物の心情を要約してください。

Make a summary of this character's feelings.

make a summary of ～の代わりに summarize を使うこともできます。また、この例文での character は「登場人物」という意味です。

6 これはどこの国の旗でしょうか?

Which country's flag is this?

「どの国の旗 (Which country's flag)」と尋ねていますので、返答は Japan's flag のように「国名's + flag」になり、flag が省略されて Japan's のように言うことがあります。

7 野菜の生産高についての2つの表を比べてください。

Compare these two tables on vegetable production.

production は「生産（高）」という意味です。社会科で読み取る資料には、表やグラフ（graph、chart）の他に、図（figure）や年表（timeline）などがあります。

8 沖縄県の気候はどのような感じですか？

What is Okinawa's climate like?

What is 〜 like? は「〜はどのようなものですか？」、climate は「気候」という意味です。

9 第二次世界大戦はいつ終わったか言えますか？

Can you say when World War II ended?

「第二次世界大戦」は World War II、あるいは the Second World War と言います。World War の前に Second という序数詞が使われる場合には通例 the を付けます。

10 聖徳太子が成し遂げた重要なことを1つ言ってください。

Say one important thing that Shotoku Taishi achieved.

achieve は「〜を成し遂げる」という意味です。類義語として accomplish があります。

Column 英語 Q&A

Q

英語母語話者以外の英語をどう考えるべきでしょうか？

A 英語は母語話者よりも非常に多くの非母語話者によって使われているため、多様な種類の英語が世界中にあります。そのため、現在は English ではなく Englishes と複数形で表記する傾向にあります。日本では、英語母語話者、特にアメリカ英語母語話者がモデルとして非常によく使われていますので、学習者は非英語母語話者の英語をうまく聴き取ることができず、意思疎通も困難になりがちです。しかし、様々な話者の英語に触れることで、聴き取ることのできる音の幅が広がり、コミュニケーションの範囲が広がりますので、多種多様な英語に積極的に触れましょう。

Exercise))) 40

1. 穴埋めしながら音読しましょう。(答えは前ページ)
2. 音声を聴いて、英文のあとについて言いましょう。

1 T 新出漢字の書き順を確認しましょう。
Let's check the (　　　　) (　　　　　　) of new kanji characters.

S いち、に、さん…。
First, second, third ...

2 T 夏の季語を用いて、俳句を作ってください。
(　　　　) a haiku using summer (　　　　) (　　　).

S 「夕立」は夏の季語かな。
I think "showers" can be a summer season term.

3 T 友達と先生のどちらに敬語を使いますか?
Who do you use (　　　　) (　　　　　　) with, your friend or teacher?

S 先生です。
With my teacher.

4 T 清少納言の代表作は何でしょうか?
What is Sei Shonagon's (　　　　) (　　　　)?

S 『枕草子』です。
It's *Makura-no-Soshi*.

5 T この登場人物の心情を要約してください。
Please (　　　　) a (　　　　　　) of this character's (　　　　　　).

S 彼はお化けを怖がっていたと思います。
I think he was scared of the ghost.

6

T これはどこの国の旗でしょうか？
Which (　　　　　) (　　　　　) is this?

S オーストラリアのです。
It's Australia's.

7

T 野菜の生産高についての2つの表を比べてください。
(　　　　　) these two (　　　　　) on vegetable
(　　　　　).

S 2つの表とも年々増加を示しています。
Both tables show a year-by-year increase.

8

T 沖縄県の気候はどのような感じですか？
(　　　　　) is Okinawa's (　　　　　) (　　　)?

S 一年中高温多湿です。
It's very hot and humid all year around.

9

T 第二次世界大戦はいつ終わったか言えますか？
Can you say when (　　　) (　　　) II (　　　　)?

S はい、1945年でした。
Yes, it was 1945.

10

T 聖徳太子が成し遂げた重要なことを1つ言ってください。
Say one (　　　　　　) thing that Shotoku Taishi
(　　　　　).

S 彼は法隆寺を建立しました。
He built Horyu-ji temple.

| 答えてみよう | 次の英語の質問やお題に自分なりの言葉で答えてみましょう。 |

What is A's climate like?
（Aの気候はどのような感じですか？【Aに都道府県の名前を入れて答えてみましょう】）

例 Okinawa is located in the south of Japan, so it's very hot and humid. Also, it's in the route of typhoons.
（沖縄は日本の南に位置して、高温多湿です。また、台風の通り道になっています）

Word List))) 41 | 次の日本語を英語に直しましょう。

国語	社会科
漢字	歴史
ローマ字	人口
熟語	農業
敬語	工業
ことわざ	貿易
辞書	経済
原稿用紙	漁業
書き順	地球儀
小説	都、道、府、県
物語	世界遺産
詩	大陸
作者	海
習字	寺
毛筆	神社

3ヒントクイズ | 3つのヒントから答えの単語を当てましょう。

ヒント1 It's round.

ヒント2 It is mainly blue and green.

ヒント3 It shows the location of every country.

Japanese	social studies
kanji character	history
Roman letter	population
idiom	agriculture
polite expression	industry
proverb	trade
dictionary	economics
writing paper	fishing industry
stroke order	globe
novel	prefecture
story	World Heritage
poem	continent
author	sea/ocean
calligraphy	temple
brush	shrine

▶ ヒントの訳

1. 丸いです。

2. 主に青色と緑色をしています。

3. すべての国の位置を示しています。

 答え globe（地球儀）

時間割・授業科目②：算数、理科

算数、理科の時間に使う表現を覚えましょう。

Key Phrases))) 42 | 音声を聴いてそれぞれの英文を言いましょう。

1 誰かこの計算をできますか？ 18 ＋ 25 は何ですか？
Who can do this calculation?
What is 18 plus 25?

足し算（A ＋ B）は、A plus B、引き算（A － B）はA minus B、掛け算（A × B）はA <u>times</u>/<u>multiplied by</u> B、割り算（A ÷ B）はA divided by Bと言います。

2 ノートに三角形を作図してください。
Draw a triangle in your notebook.

関連表現として、三角形以外の図形には、square（正方形）、rectangle（長方形）、rhombus（台形）などがあります。

3 3.141 を小数第2位で四捨五入してください。
Round off 3.141 to one decimal place.

round offは「～を四捨五入する」という意味です。関連表現として、round <u>down</u>/<u>up</u>（切り捨てる／上げる）があります。また、decimalは「小数」という意味です。to one decimal placeは「小数第1位に向かって」という意味のため、小数第2位を四捨五入することになります。

4 何パーセントの人が朝食にご飯を食べていますか？
What percentage of people eat rice for breakfast?

円グラフ（pie chart）などの図表で割合を尋ねるときによく使う表現です。「何パーセントの～」はwhat percentage of ～となります。

5 誰かこの文章題の解き方を説明してくれませんか？
Can anyone explain how to solve this word problem?

word problemは「文章題」を意味します。算数の問題（problem）を解く場合はsolveを使いますが、英語等の問題（question）を解く場合にはanswerを使います。

6 身の回りにある物の重さをはかりで量ってください。

Weigh some of your personal belongings on the scale.

weigh は「～の重さを量る」、scale は「はかり」という意味です。belongings は「（持ち運びのできる）所有物、持ち物」という意味です。

7 どのように食塩が水に溶けるか実験してみましょう。

We'll conduct an experiment to see how salt dissolves in water.

dissolve は「（液体の中で）溶ける」という意味です。雪やアイスクリームが溶ける場合は melt を使います。

8 このコップを逆さまにすると、どうなるでしょうか？

If I turn this glass upside down, what will happen?

upside down は「逆さまに」という意味です。関連表現として、inside out（裏表逆に、裏返しに）があります。

9 観察したことを書いてください。

Write down what you have observed.

observe は「観察する」という意味です。write と write down の違いは、前者は「～を書き留める、記録する」ことを意味し、後者は「（文章など）を書く」ことを意味します。

10 どの素材が磁石で引き付けられますか？

What materials are attracted by magnets?

material は「素材」、attract は「～を引き付ける」という意味です。

Column **英語Q&A**

Q

英語にも
九九のようなものは
あるのですか？

A 欧米では times tables（または multiplication tables）というものがあります。倍（times）や掛け算（multiplication）をまとめた表（table）です。2×2＝4であれば"Two twos are four."や"Two two four"のように口ずさみながら積を暗記するのは日本の九九と変わりませんが、times tables は1から12の段までであり、かつそれぞれの段に1から10までを掛けさせるので、暗記する積の数は九九よりも多くなります。イギリスでは、小学校の間に12×12までを言えるようにします。それぞれの段は2の段であれば two times table、3の段であれば three times table のように～ times table と言います。

Exercise 》》43

1. 穴埋めしながら音読しましょう。(答えは前ページ)
2. 音声を聴いて、英文のあとについて言いましょう。

1 T 誰かこの計算をできますか？ 18 ＋ 25は何ですか？
Who can (　　) this (　　　　　　)? What is 18
(　　　) 25?

S 43です。
It's 43.

2 T ノートに三角形を作図してください。
(　　　　) a (　　　　) in your notebook.

S 定規を使っていいですか？
Can I use a ruler?

3 T 3.141を小数第2位で四捨五入してください。答えは何ですか？
(　　　　) (　　) 3.141 to one (　　　　) place.
What's the answer?

S 3.1です。
It's 3.1.

4 T この円グラフを見てください。何パーセントの人が朝食にご飯を食べていますか？
Look at this pie chart. (　　　　) (　　　　　) of
people eat rice for breakfast?

S 約85パーセントです。
About 85 percent.

5 T 誰かこの文章題の解き方を説明してくれませんか？
Can anyone explain how to (　　　) this (　　)
(　　　　)?

S できます！
I can!

6

T 身の回りにある物の重さをはかりで量ってください。
（　　　　　） some of your personal belongings on the
（　　　　）.

S 自分のハサミを量ってみます。
I will weigh my scissors.

7

T どのように食塩が水に溶けるか実験してみましょう。
We'll conduct an （　　　　　　） to see how salt
（　　　　　　） in water.

S 近くに行ってもいいですか?
Can I come closer?

8

T 水の入ったコップに紙をかぶせます。このコップを逆さまにすると、どうなるでしょうか?
I'm putting a piece of paper over the glass of water. If
I （　　　） this glass （　　　　） down, what will
（　　　　　）?

S 水が落ちると思います。
I think the water will fall out.

9

T 観察したことを書いてください。
Write down （　　　　　） you have （　　　　　　　）.

S はい、ナカノ先生。
Yes, Nakano sensei.

10

T どの素材が磁石で引き付けられますか?
What （　　　　　） are （　　　　） by （　　　　　）?

S お金や空き缶かな?
Coins and empty cans?

答えてみよう 次の英語の質問やお題に自分なりの言葉で答えてみましょう。

Create an arithmetic question and solve it.
（計算問題を作り、解答してみましょう【加減乗除から2つ以上を含む式を作り、答えてみましょう】）

例 What is six divided by two plus five times eight minus three? — It's forty.
（6÷2＋5×8－3は? 40です。）

Word List　))) 44 ｜ 次の日本語を英語に直しましょう。

算数		理科	
足す		電池	
引く		磁石	
掛ける		電気	
割る		自然	
偶数		地球	
奇数		光合成	
分度器		顕微鏡	
分数		虫眼鏡	
小数		種	
図形		細胞	
球		気温	
立方体		水蒸気	
面積		酸素	
体積		二酸化炭素	

3ヒントクイズ　3つのヒントから答えの単語を当てましょう。

ヒント1 We use it in math.

ヒント2 It's a kind of ruler.

ヒント3 It's like a half moon.

1 math は mathematics の略語です。
2 演算で使用するときは multiplied by とします。

3 演算で使用するときは divided by とします。
4 magnifying は「拡大する」という意味です。

math[1]
add/plus
subtract/minus
multiply[2]/times
divide[3]
even number
odd number
protractor
fraction
decimal
shape
sphere
cube
area
volume

science
battery
magnet
electricity
nature
earth
photosynthesis
microscope
magnifying glass[4]
seed
cell
temperature
moisture
oxygen
carbon dioxide

▶ ヒントの訳

1. 算数で使います。

2. 定規の一種です。

3. 半月のような形です。

 答え protractor（分度器）

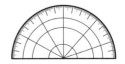

Unit 24 時間割・授業科目③：音楽、体育

音楽と体育の時間に使う表現を覚えましょう。

Key Phrases))) 45 | 音声を聴いてそれぞれの英文を言いましょう。

1 リコーダーで「コンドルは飛んでいく」を演奏します。

We are going to play "The Condor Passes" on the recorder.

ここでの play は「(曲) を演奏する」を意味しますが、play the piano (ピアノを演奏する) のように「(楽器) を演奏する」を意味することもあります。

2 「ド」の音を出してください。

Play the note "do."

note は「(特定の) 音」を意味します。「ドレミファソラシ」は英語では「CDEFGAB」になります。日本語と同じように「do re mi fa so la ti(si)」と言うことも可能です。

3 高音と低音のパートにわかれて練習します。

We'll split into the high-pitched and low-pitched parts to practice.

「高音の」「低音の」はそれぞれ high-pitched と low-pitched と言います。split into ～は「～にわかれる」という意味です。

4 誰が「待ちぼうけ」を作詞しましたか？

Who wrote the lyrics to "Machibouke"?

lyrics は「歌詞」という意味で、write the lyrics to ～は文字通りには「(曲) に歌詞を書く」です。「作詞家」は songwriter や lyricist と言います。

5 誰がこの曲を作曲しましたか？

Who composed this music?

compose は「作曲する」という意味です。「作曲家」は composer と言います。

6 運動場にハードルを出してください。

Put the hurdles out on the playground.

hurdle は「(ハードル走の) ハードル」という意味で、run hurdles で「ハードル走をする」になります。

7 走り幅跳びでは、速く走れば走るほど、より遠くに飛べます。

For the long jump, the faster you run, the farther you can jump.

「走り幅跳び」は long jump と言います。関連表現として、「走り高跳び」は high jump と言います。「the ＋比較級，the ＋比較級」で「〜すればするほど…」という意味です。

8 ミノルさんがどのくらい飛んだか測ってください。

Measure how far Minoru jumped.

measure は動詞で「（長さや量など）を測る」という意味です。how far は「（距離・時間・程度が）どれくらい」かを尋ねるときに使います。

9 うつ伏せで水平に浮き、バタ足をしてください。

Float flat on your front and move your legs up and down.

float は「浮く」という意味です。それぞれの体の向きから「うつ伏せ」は on your front（[体の] 前側を接地面にして）、「仰向け」は on your back（背中を接地面にして）と言います。

10 みなさんのクロールで泳ぐタイムを計ります。

We will time you swimming the front crawl.

time は動詞で使う時は「（時間・速度）を計る、（レース・走者など）のタイムを測定する」という意味になります。front crawl は「クロール」という意味です。

Column 英語Q&A

Q

外国語活動・外国語科ではカタカナ語をどう扱えばよいのですか？

A 日本には非常に多くのカタカナ語表記の言葉があり、小学校でも多く使われています。例えば、「ボールペン」「ランドセル」「シュークリーム」「ホッチキス」があります。しかし、それらを英語のように発音しても通じません（ボールペン＝ballpoint pen、ランドセル＝school backpack、シュークリーム＝cream puff、ホッチキス＝stapler）。カタカナ語は、英語やその他の言語由来の言葉もあれば、日本で造られた言葉であったりします。対応する英語を教えるだけではなく、その語の由来となる国や意味の違いをクイズ形式で教えることによって、知的好奇心を刺激することができるでしょう。

Exercise 》)46

1. 穴埋めしながら音読しましょう。(答えは前ページ)
2. 音声を聴いて、英文のあとについて言いましょう。

1

Ⓢ 先生、今日の音楽の授業では何をするんですか?
Sensei, what are we going to do in today's music lesson?

Ⓣ リコーダーで「コンドルは飛んでいく」を演奏します。
We are going to (　　　　) "The Condor Passes" (　　) the (　　　　).

2

Ⓣ 「ド」の音を出してください。
(　　　　) the (　　　　) "do."

Ⓢ 先生、難しいです。
Sensei, it's difficult.

3

Ⓣ 高音と低音のパートにわかれて練習します。高音パートはこちら、低音パートはあちらです。
We'll (　　　　) (　　　　) the high-pitched and low-pitched parts to practice. The high-pitched part is here, and the low-pitched part is over there.

Ⓢ わかりました。
All right.

4

Ⓣ この曲を聞いてください。誰が「待ちぼうけ」を作詞しましたか?
Listen to this song. Who (　　　　) the (　　　　) to "Machibouke"?

Ⓢ 北原白秋です。
It was Kitahara Hakushu.

5

Ⓣ 誰がこの曲を作曲しましたか?
Who (　　　　) this music?

Ⓢ 山田耕筰です。
It was Yamada Kosaku.

6

Ⓣ 運動場にハードルを出してください。
（　　　　）the（　　　　　　）out on the（　　　　　　　）.

Ⓢ 取りに行ってきます。
I'll go and get them.

7

Ⓣ 走り幅跳びでは、速く走れば走るほど、より遠くに飛べます。
For the（　　　）（　　　）, the（　　　　　）you run,
（　　）farther you can jump.

Ⓢ わかりました。やってみます。
I got it. I'll try that.

8

Ⓣ ミノルさんがどのくらい飛んだか測ってください。
Please（　　　　　　）（　　　）（　　　）Minoru
jumped.

Ⓢ 3メートル74センチでした。
It was 3 meters and 74 centimeters.

9

Ⓣ うつ伏せで水平に浮き、バタ足をしてください。
（　　　　　　）flat on your（　　　　　）and move your legs
（　　）and down.

Ⓢ こうですか?
Like this?

10

Ⓢ 前より速く泳げた!
I swam faster than before!

Ⓣ 次の授業でみなさんのクロールで泳ぐタイムを計ります。
We will（　　　　　）（　　　　）swimming the（　　　　　）
（　　　　　）in the next lesson.

答えてみよう｜次の英語の質問やお題に自分なりの言葉で答えてみましょう。

Tell me about ○○.
（○○について教えてください【○○に曲名を入れ、作詞（作曲）者などについて答えてみましょう】）

例 "Hakone-hachiri" was composed by Taki Rentaro. The melody is easy to
remember. I like it.
（「箱根八里」は滝廉太郎が作曲しました。メロディーが頭に残りやすいです。その曲が好きです）

Word List))) 47 | 次の日本語を英語に直しましょう。

楽譜	体育
歌詞	体操服
音符	短距離走
拍子	長距離走
音色	運動場
旋律	走り幅跳び
メトロノーム	鉄棒
鍵盤ハーモニカ	マット運動
木琴	跳び箱
カスタネット	縄跳び
リコーダー	ドッジボール
タンバリン	クロール
トライアングル	平泳ぎ
シンバル	ゴーグル
太鼓	水着

3ヒントクイズ | 3つのヒントから答えの単語を当てましょう。

ヒント1 They have many colors.

ヒント2 They are used in the water.

ヒント3 They protect your eyes.

music score	P.E. (physical education)
lyrics	P.E. uniform
note	short-distance race
beat	long-distance race
tone	playground
melody	long jump
metronome	horizontal bar[1]
melodica	mat exercise
xylophone	vaulting box
castanets	jump rope
recorder	dodgeball
tambourine	front crawl
triangle	breast stroke
cymbal	goggles
drum	swimsuit[2]

▶ ヒントの訳

答え goggles（ゴーグル）

1. 様々な色のものがあります。
2. 水中で使います。
3. 目を守ってくれます。

Unit 25 | 時間割・授業科目④：図工、家庭

図工、家庭の時間に使う表現を覚えましょう。

Key Phrases 〉〉48 | 音声を聴いてそれぞれの英文を言いましょう。

1 カッターと段ボールを机の上に準備してください。
Prepare a box cutter and some cardboard on the desk.
「カッターナイフ」は box cutter あるいは utility knife、段ボールは cardboard と言います。関連表現として、milk carton（牛乳パック）があります。

2 紫色を塗るために、何色の絵の具を混ぜますか？
To paint purple, what colors do we mix?
色を複数組み合わせるため、colors と複数形にします。

3 色鉛筆でひまわりの葉を緑色に塗ってください。
Color the sunflower leaves green with a colored pencil.
「color/paint ＋物＋色」で「（物）を（色）に塗る」という意味になります。sunflower は「ひまわり」の意味、leaves は leaf の複数形で「葉」の意味です。

4 針金を曲げたり巻いたりして、体の形を作ります。
Bend and twist the wire to create a body shape.
bend は「曲げる」、twist は「巻きつける」という意味です。body shape はここでは「体を模した形」という意味ですが、「体形」という意味でも用いられます。

5 針金で作られた人間に、紙粘土を使って肉付けします。
We will use paper clay to flesh out the wire figure.
clay は「粘土」、flesh out は「〜を肉付けする」、figure は「人の姿」という意味です。

6 布にイニシャルを刺繍します。
We will stitch our initials on a cloth.
stitch は「〜を縫う」という意味です。initial には「頭文字」の意味以外に、「最初の」という意味もあります。

7
私がミシンの使い方をみなさんに見せます。

Let me show you how to use the sewing machine.

sew/sóu/ は「〜を縫う」という意味で、sewing machine（ミシン）は文字通りには「裁縫用の機械」です。

8
玉ねぎとジャガイモの皮をむき、ぶつ切りにします。

Peel the onions and potatoes, and cut them into chunks.

peel は「〜の皮をむく」、chunk は「塊」という意味です。chunks の代わりに slices を入れると「薄切りにする」という意味になります。

9
味噌を加え、かき混ぜます。

Add the miso paste and stir it in.

「味噌」は miso paste 以外にも単に miso や (miso) bean paste などとも言えます。stir は「かき混ぜる」という意味です。

10
卵を5分間ゆでます。

Boil the eggs for five minutes.

boil は「〜を沸騰させる、ゆでる」という意味です。その他の調理方法として、bake（［オーブンなどで］焼く）、fry（炒める）、deep-fry（揚げる）があります。

Column 英語 Q&A

Q
英語の文を発音するときのコツは何かありますか？

A 発音のコツの1つに、強く読む（強勢を受ける）「内容語」と弱く読む（強勢を受けない）「機能語」の区別をつけることがあります。内容語とは名詞、形容詞、副詞、一般動詞など、実質的な意味のある語のことです。機能語とは冠詞、前置詞、代名詞、助動詞、be動詞など、文法的な役割を持つ語のことです。例えば、Key Phrase 8 の Peel the onions and potatoes, and cut them into chunks. の下線部は内容語になり、残りは機能語になります。練習の際には、音声を聴きながら、内容語と機能語の区別に気をつけて発音してみましょう。

Exercise　》》49

1. 穴埋めしながら音読しましょう。（答えは前ページ）
2. 音声を聴いて、英文のあとについて言いましょう。

1　**T** カッターと段ボールを机の上に準備してください。
Prepare a (　　　) (　　　　) and some
(　　　　　) on the desk.

　S 今日は何を作るのですか?
What are we going to make today?

2　**T** 紫色を塗るために、何色の絵の具を混ぜますか?
To paint purple, what (　　　　) do we (　　　)?

　S 青と赤です。
Blue and red.

3　**T** 色鉛筆でひまわりの葉を緑色に塗ってください。
(　　　　) the (　　　　　) (　　　　) green with
a colored pencil.

　S やってみます。
I'll try.

4　**T** 針金を曲げたり巻いたりして、体の形を作ります。やってみましょう。
(　　　　) and (　　　　) the wire to create a body
shape. Try it.

　S このような形でいいですか?
How about a shape like this?

5　**T** 針金で作られた人間に、紙粘土を使って肉付けします。
We will use paper (　　　) to (　　　　) out the wire
figure.

　S うまくできてきた!
It's getting better!

6

Ⓣ 布にイニシャルを刺繍します。
We will (　　　) our initials (　　) a cloth.

Ⓢ 私のは「I.K.」だ。
Mine are "I. K."

7

Ⓣ 私がミシンの使い方をみなさんに見せます。
Let me show you how to use the (　　　　)
(　　　　).

Ⓢ 先生、うまく使えますか?
Sensei, are you good at it?

8

Ⓣ 味噌汁を作りましょう。まず、玉ねぎとジャガイモの皮をむき、ぶつ切りにします。
Let's cook some miso soup. First, (　　　) the onions
and potatoes, and (　　　) them into (　　　　).

Ⓢ うまく切れた!
I cut them well!

9

Ⓣ 次に、味噌を加え、かき混ぜます。
Next, (　　　) the miso (　　　　) and (　　　) it in.

Ⓢ いい匂い。
It smells good.

10

Ⓣ 卵を5分間ゆでます。
(　　　) the eggs (　　) five minutes.

Ⓢ はやく食べたいな。
I want to eat them soon.

答えてみよう 次の英語の質問やお題に自分なりの言葉で答えてみましょう。

How do you cook ○○?
(○○はどうやって作りますか?【○○に料理名を入れ、3文以上で答えてみましょう】)

例 【味噌汁の場合】First, I cut the vegetables into chunks. Next, I boil water and
put the vegetables in the pot. Finally, I add some miso paste.
(最初に野菜をぶつ切りにします。次に、お湯を沸かし、鍋に野菜を入れます。最後に、味噌
を加えます)

Word List 　))) 50 ｜ 次の日本語を英語に直しましょう。

図工	金づち
絵の具	家庭科
筆	栄養
パレット	料理用はかり
クレヨン	フライパン
画用紙	なべ
カッターナイフ	包丁
のり	まな板
セロハンテープ	～を炒める
ホッチキス	皮をむく
段ボール	～をかき混ぜる
木版画	～をゆでる
粘土	針
彫刻	糸
のこぎり	ミシン

3ヒントクイズ 　 3つのヒントから答えの単語を当てましょう。

ヒント1 They are short.

ヒント2 They are used for drawing.

ヒント3 They can be many colors.

arts and crafts	hammer
paint	home economics
paintbrush	nutrition
palette	kitchen scale
crayon	frying pan
drawing paper	pot
box cutter	kitchen knife
glue	cutting board
Scotch tape	fry
stapler	peel
cardboard	stir
woodblock print	boil
clay	sewing needle
sculpture	thread
saw	sewing machine

▶ ヒントの訳

1. 短いです。

2. 絵を描くのに使います。

3. 様々な色があります。

 答え crayons（クレヨン）

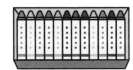

給食の時間

給食の時間に使う表現を覚えましょう。

Key Phrases　♪)) 51　｜　音声を聴いてそれぞれの英文を言いましょう。

1 | 今日の給食は何ですか？

What's for lunch today?

学校の「給食」はschool lunchやschool mealと言いますが、学校の中ではlunchだけでも可能です。

2 | 給食係の人、昼食の配膳準備をしてください。

Lunch helpers, get ready to serve the lunch.

「給食係」の他の表現には、lunch serverやlunch catererがあります。get ready to doは「～する準備をする」、serveは「（食べ物）を出す、給仕する」という意味です。

3 | ごはんは多めがいいですか、少なめがいいですか？

Would you like a large or small portion of rice?

Would you like ～? は「～を欲しいですか？」という、Do you want ～? の丁寧な言い方です。portionは「一人前、一盛り」という意味です。

4 | 食事前の「いただきます」をしましょうか？

Shall we say "*Itadakimasu*" before our meal?

Shall we ～? は「～しましょうか？」の丁寧な言い方で、カジュアルな言い方はLet's ～です。「いただきます」や「ごちそうさま」は日本独特の習慣で、英語に訳すことは非常に難しいため、日本語で言ってもよいでしょう。mealは食事という意味です。

5 | このカレーライスおいしい。

This curry and rice tastes good.

tasteは「～な味がする」という意味です。類義の表現に、This is good/delicious/great/tasty/yummy.（これはおいしい）もあります。

6 | 牛乳を机の上にこぼさないようにしてください。

Don't spill milk on the table.

spillは「～をこぼす」という意味です。spillの過去形、過去分詞形はspilledまたはspiltになります。

7
おかわりがいる人はいますか？

Does anyone want seconds?

「おかわり」はseconds と言います。類義の表現として、Do you want some more?（もっと欲しいですか？）があります。

8
好き嫌いをしないでください。

Don't be picky.

picky は pick「選ぶ」という動詞の形容詞形で、「好き嫌いする」という意味です。picky eater で「好き嫌いの激しい人」という意味になります。

9
お椀とお皿を食器かごに返却してください。

Put your bowl and plate back in the dish basket.

put 〜 back で「〜を戻す、返す」という意味です。関連表現として、Put your bowl in the sink.（お椀をシンクの中に入れてください）があります。

10
歯磨きをしましょう。

Let's brush our teeth.

teeth は tooth（歯）の複数形で、磨く歯が複数あるため複数形にします。「歯ブラシ」は toothbrush と言います。

Column 英語Q&A

Q

正確に発話する以外に大切なことはありますか？

A 言葉は意思伝達の道具ですので、話し手が意図していることを理解する必要があります（この点に焦点を当てた言語学の分野を語用論と言います）。例えば、先生が"Look, there is trash on the floor."（ほら、床にごみが落ちていますよ）と言った場合、子どもたちに何を期待するでしょうか？ 単に"Yes, there is."（はい、落ちています）と答えるだけでなく、そのごみをゴミ箱に入れることを期待していることが多いでしょう。英語を理解するには文の意味を理解をすることが一番ですが、このような言外の意味を理解できるようになることも必要です。

Exercise))) 52

1. 穴埋めしながら音読しましょう。(答えは前ページ)
2. 音声を聴いて、英文のあとについて言いましょう。

1 T 今日の給食は何ですか?
What's (　　) (　　　　) today?

S スパゲティと野菜みたいです。
It looks like spaghetti and vegetables.

2 T 給食係の人、昼食の配膳準備をしてください。
Lunch (　　　　), (　　　) (　　　　　) to serve the lunch.

S できています。
We are ready!

3 T ごはんは多めがいいですか、少なめがいいですか?
Would you (　　　) a large or small (　　　　　) of rice?

S 多めがいいです。
A large one, please.

4 T 食事前の「いただきます」をしましょうか?
(　　　　　) we say "*Itadakimasu*" before our (　　　　) ?

S いただきます!
Itadakimasu!

5 T このカレーライスおいしい。
This (　　　　) (　　　) (　　　) tastes good.

S うん、これおいしいね!
Yes, this is yummy!

6

🅣 ミオさん、牛乳を机の上にこぼさないようにしてください。
Mio, don't (　　　) milk (　　) the table.

🅢 あっ、ごめんなさい。
Oh, sorry.

7

🅣 おかわりがいる人はいますか?
Does (　　　　) want (　　　　)?

🅢 はい、欲しいです。
Yes, please.

8

🅢 ブロッコリー嫌い。
I don't like broccoli.

🅣 好き嫌いをしないでください。
Don't (　　) (　　　).

9

🅣 食べ終わったら、お椀とお皿を食器かごに返却してください。
When you've finished eating, (　　　) your bowl and plate (　　　　) in the dish (　　　).

🅢 まだ食べています。
We're still eating.

10

🅣 食事が終わったので、歯磨きをしましょう。
Now we've finished eating, let's (　　　　) our (　　　).

🅢 はい、タナカ先生。
Yes, Tanaka sensei.

答えてみよう	次の英語の質問やお題に自分なりの言葉で答えてみましょう。

What are you having for dinner today?
(今日の夕食は何を食べますか?【3文以上で答えてみましょう】)

例 I'm having *okonomiyaki* for dinner. I often make it. It's pretty good.
(お好み焼きを食べます。よく作ります。とてもおいしいです)

Word List))) 53 | 次の日本語を英語に直しましょう。

給食	ぎょうざ
献立表	肉じゃが
おはし	麻婆豆腐
おたま	コロッケ
お皿	豚汁
お椀	ゼリー
給食用トレー	シチュー
配膳台	ヨーグルト
エプロン	おかず
マスク	甘い
三角巾	辛い
揚げパン	苦い
ふりかけ	酸っぱい
海苔	歯ブラシ
目玉焼き	コップ

3ヒントクイズ 3つのヒントから答えの単語を当てましょう。

ヒント1 It's soft.

ヒント2 It's spicy.

ヒント3 It's Chinese food.

1 dough は「パン生地」という意味です。これが基になり、doughnut/donut（ドーナツ）という単語になりました。

2 season は「味付けする」という意味で、季節の season と同じ単語です。

school lunch/meal	dumpling
menu	meat and potato dish
chopsticks	*mapo* tofu
ladle	croquette
plate	pork miso soup
bowl	jelly
lunch tray	stew
dish cart	yogurt
apron	side dish
mask	sweet
chef's bandana	spicy
fried dough[1] bread	bitter
rice seasoning[2]	sour
dried seaweed	toothbrush
fried egg	cup

▶ **ヒントの訳**

1. やわらかいです。

2. スパイシーです。

3. 中華料理です。

 答え *mapo* tofu
（麻婆豆腐）

Unit 27 掃除の時間

掃除の時間に使う表現を覚えましょう。

Key Phrases))) 54 | 音声を聴いてそれぞれの英文を言いましょう。

1 ほうきでごみを掃いてください。
Sweep up the trash with a broom.

sweepは「(床・部屋) を掃除する、(ごみ) を掃く」という意味です。trashは「くず、ごみ」という意味です。「ごみ」を表す語には、アメリカ英語ではgarbage ([主に] 生ごみ)、イギリス英語ではrubbishがよく使われます。また、broomは「ほうき」という意味です。

2 バケツに水を入れてください。
Fill a bucket with water.

類義の表現として、Put water in a bucket. もあります。

3 濡れた雑巾で床を拭いてください。
Wipe the floor with a wet rag.

wipeは「拭く」という意味です。「雑巾」を表す語にはrag以外に (floor) cloth もあります。

4 ごみを掃いてちりとりに入れてください。
Sweep the dirt into a dustpan.

dirtは「(土や泥、ほこり等の) ゴミ」のことを言います。dustpanのdustは「ほこり、ちり」、panはfrying panのように浅く、平たい容器のことを言います。

5 後ろのロッカーを整頓してください。
Tidy the lockers in the back.

tidyで「〜を整頓する」という意味になります。

6 廊下をモップがけしてください。
Mop the hallway.

mopは「〜をモップがけする」という意味です。「廊下」には、hallwayがよく使われますが、corridorもあります。

126

7 掃除の前にはトイレの水を流してください。

Flush the toilet before you clean it.

flush は「(トイレ) の水を流す、(水を) 流すこと」という意味です。

8 トイレ用ブラシで便器をこすってください。

Rub the toilet bowl with the toilet brush.

rub は「こする」という意味です。toilet bowl は洋式トイレ (= sitting toilet、和式トイレ = squat toilet) の便器を表します。男性用小便器は urinal /júərən(ə)l/ と言います。

9 特別教室のカーペットに掃除機をかけてください。

Vacuum the carpet of the special-purpose room.

vacuum は「掃除機で掃除する、掃除機 (= vacuum cleaner)」という意味です。イギリス英語では hoover がよく使われます。

10 ごみをごみ箱に捨ててください。

Throw away the trash into the trash can.

throw away ～は「～を捨てる」という意味です。アメリカ英語では「ごみ箱」を trash (can)、イギリス英語では (rubbish) bin と言います。

Column 英語 Q&A

Q

英語が話せるようになるには文法は必要ですか？

A 「文法」と一口に言っても、冠詞 (the) のような細かな事項から、主語＋動詞＋目的語 (SVO) のような語順まで内容は様々です。英語の場合、正しい語順で言うことが非常に重要になります。日本語の場合、「ヒロは　私の犬を　噛んだ」も「私の犬を　噛んだ　ヒロは」も意味は同じですが、英語の場合、Hiro bit my dog. (ヒロが私の犬を噛んだ) と My dog bit Hiro. (私の犬がヒロを噛んだ) とでは意味が大きく異なります。このように、英語は語順が極めて重要な言語ですので、正しい語順で言うことができるように指導する必要があります。

127

Exercise))) 55

1. 穴埋めしながら音読しましょう。(答えは前ページ)
2. 音声を聴いて、英文のあとについて言いましょう。

1
T 机と椅子を後ろに下げてください。誰か、ほうきでごみを掃いてください。
Move the desks and chairs to the back. Somebody,
(　　　　　　) up the (　　　　　) with a (　　　　　).
S 私がします。
I'll do it.

2
T ミズキさん、手洗い場に行って、バケツに水を入れてください。
Mizuki, go to the hand-washing area and (　　　　) a
bucket (　　　　) water.
S 1つでいいですか?
Is one enough?

3
T みなさん、濡れた雑巾で床を拭いてください。
Everyone, (　　　　　) the floor with a wet (　　　　).
S はい、先生。
OK, sensei.

4
T 班長、ごみを掃いてちりとりに入れてください。
Group leader, (　　　　　) the dirt into a (　　　　　　).
S はい、します。
OK, I will.

5
T ミズキさん、後ろのロッカーを整頓してください。散らかっています。
Mizuki, (　　　　　) the lockers in the back. They are
messy.
S タカシさん、私の代わりにしてください。
Takashi, please do it for me.

6

T ミキさん、廊下をモップがけしてください。
Miki, (　　　　　) the (　　　　　　　).

S 1人で?
By myself?

7

T 掃除の前にはトイレの水を流してください。
(　　　　　　) the toilet before you clean it.

S わかりました。そうします。
OK, I'll do it.

8

T トイレ用ブラシで便器をこすってください。汚れが簡単に取れます。
(　　　　) the (　　　　　) (　　　　　　) with the toilet brush. Dirt will come off easily.

S あっ、本当だ。
Oh, you're right.

9

T 特別教室のカーペットに掃除機をかけてください。
(　　　　　　　　) the carpet of the special-purpose room.

S やった、掃除機を使える!
Wow, I can use the vacuum cleaner!

10

T ごみをごみ箱に捨ててください。燃えるごみと燃えないごみの分別を忘れずにしてください。
(　　　　) (　　　) the trash into the trash (　　). Make sure to separate *burnable and nonburnable things.

S もう少しで忘れるところだった。
I almost forgot to do that.

*burnable ＝燃える (⇔nonburnable ＝燃えない)

答えてみよう 次の英語の質問やお題に自分なりの言葉で答えてみましょう。

Explain how you cleaned the school when you were in elementary school.
（小学生のとき、どのように学校を掃除したか説明しましょう【3文以上で答えてみましょう】）

例 I swept the floor with a broom. Then, I threw away the trash into the trash can. After that, I mopped the floor.
（ほうきで床を掃きました。そして、ごみをごみ箱に捨てました。その後、床をモップがけしました）

Word List　))) 56 ｜ 次の日本語を英語に直しましょう。

掃除	たわし
掃除用具入れ	スポンジ
ほうき	洗剤
ごみ箱	石鹸
ちりとり	ゴム手袋
〜を捨てる	ホース
〜を分別する	バケツ
〜を交換する	蛇口
〜を掃除する	手洗い場
〜を拭く	〜をこする
洗濯バサミ	〜を干す
タオル	〜の水を流す
雑巾	汚れ
ほこり	整頓された
掃除機	散らかった

3ヒントクイズ　3つのヒントから答えの単語を当てましょう。

ヒント1 It is used to sweep the floor.

ヒント2 It has a large brush.

ヒント3 It has a long handle.

1 scrub は「〜をこする」という意味です。

cleaning	scrubbing brush[1]
broom closet	sponge
broom	detergent
trash can	soap
dustpan	rubber gloves
throw away	hose
separate	bucket
replace	tap
sweep	hand-washing area
wipe	rub
clothespin	hang up
towel	flush
rag	stain
dust	tidy
vacuum/vacuum cleaner	messy

▶ ヒントの訳

1. 床を掃くのに使います。

2. 大きなブラシがついています。

3. 長い柄がついています。

答え broom
（ほうき）

学級会・委員会・クラブ活動

学級会・委員会・クラブ活動で使う表現を覚えましょう。

Key Phrases 》57 | 音声を聴いてそれぞれの英文を言いましょう。

1 学級委員長が会の進行役を務めます。

The class president will lead the meeting.

class president は学級委員長、lead は「（会議など）を導く」という意味です。lead の類義語として、facilitate があります。

2 今日の学級会の議題は何ですか？

What is the topic of today's class meeting?

「議題」には agenda がよく使われますが、わかりやすい topic を使うとよいでしょう。topic には、「議題」の他に「話題」の意味もあります。

3 今日の会で決まったことをしっかり実行するようにしてください。

Be sure to carry out the decisions made at today's meeting.

be sure to do は「必ず～してください」と念を押すときに使う口語表現です。carry out は「実行する」という意味です。

4 みんなでアイデアを出し合ってはどうですか？

Why don't we brainstorm some ideas?

Why don't we ～? は「～してはどうですか？」という意味です。brainstorm（～を出し合う）は動名詞の brainstorming（アイデアの出し合い）もよく使われます。

5 保健委員会がポスターを作ってもよいかもしれません。

Perhaps the health committee can make a poster.

committee は「委員会」という意味です。「～してはどうでしょう？」のような提案・申し出を示す表現として、How/What about ～? という言い方もありますが、この Key Phrase のような Perhaps you can ～（～してもよいかもしれません）という言い方もあります。

6 次の会でそれらの議題について掘り下げて話し合いましょう。

We'll discuss those topics in depth at the next meeting.

discuss（〜について話し合う）の後にaboutをつける間違いが多いので気をつけましょう。in depthは「深く、掘り下げて」という意味です。

7 下級生にラケットの握り方を教えてあげてください。

Teach the juniors how to grip the racket.

junior（下級生）に対して「上級生」はseniorと言います。gripは「〜を握る」という意味です。「〇年生」はfirst grader、second grader ... のように「序数＋grader」で表します。

8 できる限り強くボールをスマッシュしてください。

Smash the ball as hard as possible.

smashは「（卓球の球など）をスマッシュする」を意味します。as 〜 as possible/you canは「できる限り〜」という意味です。

9 リズムに合わせて踊る練習をします。

We'll practice dancing to the rhythm.

「〜する練習をする」と言うには、practiceの後に動名詞を続けます。to the rhythmは「リズムに合わせて」という意味です。

10 大切なのはベストを尽くすことです。

What matters is doing your best.

matterは「〜が重要である、問題である」を意味し、大切なことを強調するときに使います。「ベストを尽くす」の類義の表現として、give one's best effortやtry one's hardestがあります。

Column 英語Q&A

 Q

英語の授業では、文の意味理解の指導で十分ですか？

A 言葉の背後にある意味や状況に応じた言語使用（語用論と言います）の適切さも大切です。文法や発音などの誤りは語学力の問題として理解されますが、語用論的誤りは人格の問題として見なされたり、学習者の文化に対して否定的な印象形成につながる可能性があります。例えば、日本語が母語でない児童が先生であるあなたに、「タケシ、プリントをくれ」と言った場合と「メーダ（マエダ）先生、プリントをくらさい」と言った場合、どのように感じるでしょうか？ 語用論的適切さは一朝一夕では身につきませんので、日々指導が必要になります。

Exercise 》》58

1. 穴埋めしながら音読しましょう。（答えは前ページ）
2. 音声を聴いて、英文のあとについて言いましょう。

1
Ⓣ 学級委員長が会の進行役を務めます。
The (   ) (   ) will (   ) the meeting.

Ⓢ わかりました。
OK.

2
Ⓣ 学級委員長、今日の学級会の議題は何ですか?
Class president, what is the (   ) of today's
(   ) (   )?

Ⓢ 今日は*係活動について話し合います。
It's about class monitor duties.

*係活動＝学級生活の充実と向上のため児童が工夫して行う活動のことで、学校生活のためにしないといけない当番活動とは異なります。

3
Ⓣ 今日の会で決まったことをしっかり実行するようにしてください。
Be sure to (   ) (   ) the decisions
(   ) at today's meeting.

Ⓢ はい、先生。
Yes, sensei.

4
Ⓢ 「いい歯の日」のためのイベントを考えています。
We're thinking about events for "Good Teeth Day."

Ⓣ みんなでアイデアを出し合ってはどうですか?
(   ) (   ) we (   ) some ideas?

5
Ⓢ 手洗いのときにみんなにもっと石鹸を使ってもらいたいです。
We want everyone to use soap more often when
washing their hands.

Ⓣ 保健委員会がポスターを作ってもいいかもしれません。
Perhaps the (   ) (   ) can make a
poster.

6

T 次の会でこれらの議題について掘り下げて話し合いましょう。みんなの協力に感謝します。

We'll (　　　　　　) those topics in (　　　　　　) at the next meeting. I appreciate your cooperation.

S ありがとうございました、先生。

Thank you very much, sensei.

7

T 上級生、下級生にラケットの握り方を教えてあげてください。

Seniors, teach the (　　　　　) how to (　　　　) the racket.

S 4年生、集まってください。

Fourth graders, gather around.

8

T できる限り強くボールをスマッシュしてください。

(　　　　　) the ball (　　　) hard (　　　) (　　　　　).

S 練習してみます。

I'll practice it.

9

T リズムに合わせて踊る練習をします。一緒にステップを踏んでみましょう。

We'll practice (　　　　　　) (　　　) the rhythm. Let's try stepping together.

S 難しそうです。

That sounds difficult.

10

T 失敗は成長のチャンスです。大切なのはベストを尽くすことです。

Failure is an opportunity for growth. What (　　　　　) is (　　　　) your best.

S そのことを覚えておきます。

I'll keep it in mind.

答えてみよう 次の英語の質問やお題に自分なりの言葉で答えてみましょう。

Give some advice about how to perform well in ○○ club activities.
（○○クラブでいいパフォーマンスができるように助言しましょう【○○にクラブ名を入れて答えてみましょう】）

例 When playing tennis, first learn how to grip the racket properly. Next, look at how the ball bounces.

（テニスをするときは、まずラケットを正しく握れるようになりましょう。次に、ボールがどのようにバウンドするか見てください）

Word List))) 59 | 次の日本語を英語に直しましょう。

学級会	ボランティア活動
学級委員長	生徒指導
全校集会	特別活動
委員会活動	道徳
児童会	総合的な学習の時間
委員長	運動系のクラブ
書記	文化系のクラブ
選挙	吹奏楽クラブ
代表委員会	科学クラブ
放送委員会	将棋クラブ
美化委員会	手芸クラブ
図書委員会	陸上クラブ
保健委員会	卓球クラブ
飼育委員会	ソフトボールクラブ
係活動	バトミントンクラブ

3ヒントクイズ　3つのヒントから答えの単語を当てましょう。

ヒント1 We make things.

ヒント2 It's a cultural club.

ヒント3 We use needles and thread.

1「生徒会」という意味にもなるため、小学校での児童会を強調する場合は elementary school council と言います。

homeroom	volunteer work
class president	student guidance
school assembly	special activities
student committee activities	moral education
student council[1]	period for integrated study
chairperson	sports club
clerk	cultural club
election	brass band club
representative committee	science club
broadcast committee	shogi club
environment committee	handicraft club
school library committee	track and field club
health committee	table tennis club
animal care committee	softball club
class monitor duties	badminton club

▶ ヒントの訳

1. 何かを作ります。

2. 文化系のクラブです。

3. 針と糸を使います。

 handicraft club
（手芸クラブ）

Quick Review

空欄に単語を入れて、フレーズを復習しましょう。答えはページ下にあります。

Key Phrases

1 元気いっぱいですね。

You're ( ) of ( ).

2 この登場人物の心情を要約しましょう。

( ) a ( ) of this character's ( ).

3 何パーセントの人が朝食にご飯を食べていますか?

( ) ( ) of people eat rice for breakfast?

4 誰が「待ちぼうけ」を作詞しましたか?

Who ( ) the ( ) to "Machibouke"?

5 味噌を加え、かき混ぜます。

( ) the miso ( ) and ( ) it in.

6 このカレーライスおいしい。

This ( ) ( ) ( ) tastes good.

7 ほうきでごみを掃いてください。

( ) up the ( ) with a ( ).

8 みんなでアイデアを出し合ってはどうですか?

( ) ( ) we ( ) some ideas?

Vocabulary 次の単語の日本語を英語に、英語は日本語に直しましょう。

1 teacher's platform ( ) **2** 大陸 ( )

3 temperature ( ) **4** 鍵盤ハーモニカ ( )

5 Scotch tape ( ) **6** ぎょうざ ( )

7 dustpan ( ) **8** 学級委員長 ( ) ( )

答え

Key Phrases
1 full / energy **2** Make / summary / feelings **3** What / percentage **4** wrote / lyrics **5** Add / paste / stir **6** curry / and / rice **7** Sweep / trash / broom **8** Why / don't / brainstorm
Vocabulary
1 教壇 **2** continent **3** 気温 **4** melodica **5** セロハンテープ **6** dumpling **7** ちりとり **8** class president

2. 学校の一年

このセクションでは、入学式から卒業式まで、学校の一年をフレーズや語句で表現します。

入学式・始業式

入学式・始業式で使う表現を覚えましょう。

Key Phrases 》60 | 音声を聴いてそれぞれの英文を言いましょう。

1 新入生を拍手で迎えましょう。

Let's welcome our new students with applause.

applause は「拍手」という意味で、「~に拍手をする」という動詞で使うこともあります。student は小学生から大学生までを含みます。類義語の pupil はイギリス英語で主に小学生を表します。

2 この学校へのご入学を心からお祝いします。

I heartily congratulate you on your entrance into this school.

congratulate（祝う）の代わりに、その派生名詞 congratulation（祝福）を使って Congratulations on ~（~おめでとう）としてもよいです（Unit 35 の Key Phrases 8 も参照）。

3 このクラスの約束事を言います。

I will tell you the do's and don'ts of this class.

do's and don'ts は「すべきこととしてはならないこと、約束事」という意味です。学級開きの際にクラスのルールを明確するときに使えます。

4 ここを楽しいクラスにするために、みなさんお互いに親切にしてください。

To make this a happy class, I want you all to be kind to each other.

この文の this は話し手のいるクラスを指しています。each other は「お互い」という意味の名詞句です。

5 このクラスのモットーは「一人はみんなのために、みんなは一人のために」です。

The motto of this class is "One for all, all for one."

motto は「モットー、標語」という意味です。

6

人の悪口を言ったり、学校の備品に落書きをしたりしないでください。

Don't speak ill of others, and don't draw graffiti on school property.

speak ill of 〜は「〜の悪口を言う」で、ill を well にすると「〜を褒める」になります。graffiti は graffito の複数形で「(壁・トイレなどへの)落書き」、property は「所有物、財産」という意味です。

7

始業式は体育館で行います。

The opening ceremony will take place in the gym.

英語圏には始業式に相当するものはありませんが、opening ceremony や first assembly (最初の集会) と言うことができます。take place は「開催される」という意味です。

8

夏休みが終わり、みなさんにまた会えてうれしいです。

I'm glad to see you all again after the summer vacation.

glad の代わりに happy を使うこともできます。「休み」には holiday や break も使えます。

9

みなさんに自由研究の発表をしてもらいます。

I'll ask you to make a presentation of your independent research.

「(各自が調べたことなどを)発表する」は make a presentation と言います。「自由研究」は independent research と言います。

10

今学期の座席をお知らせします。

I will announce the seating arrangement for this term.

「席順」は seating arrangement と言います。seating layout も可能です。「学期」については、2学期制の場合は semester を、3学期制の場合は term を使います。

Column　英語 Q&A

Q

文頭を大文字で
始めるのはなぜですか?

A 大文字の使用ルールはいくつかありますが、それには合理的な理由があります。基本的に大文字は目立たせたい (または、見逃されないようにしたい) 場合に使われます。その典型は文頭です。手書きの時代には文頭も紛れやすかったので大文字で始めることで見分けやすくしていて、その名残が今も残っています。人称代名詞の中でI (私は) のみ常に大文字にすることも同様です。大事な単語でありながら、形態はもっとも埋もれやすい「i」の一文字です。そのため、どこでも大文字にすることで見分けやすくしています。

Exercise))) 61

1. 穴埋めしながら音読しましょう。（答えは前ページ）
2. 音声を聞いて、英文のあとについて言いましょう。

1 Ⓣ 新入生を拍手で迎えましょう。
Let's (　　　　　) our new (　　　　　) with
(　　　　　).
Ⓢ わかりました！
OK!

2 Ⓣ この学校へのご入学を心からお祝いします。
I heartily (　　　　　) you (　　) your (　　　　　)
into this school.
Ⓢ ありがとうございます。
Thank you very much.

3 Ⓣ このクラスの約束事を言います。
I will tell you the (　　) and (　　　　　) of this class.
Ⓢ みんな、静かにしてください。
Everyone, be quiet, please.

4 Ⓣ ここを楽しいクラスにするために、みなさんお互いに親切にしてください。
To make this a happy class, I want you all to be
(　　　　　) to (　　　　) (　　　　　).
Ⓢ はい、そうします。
OK, we will be.

5 Ⓣ このクラスのモットーは「一人はみんなのために、みんなは一人のために」です。
The (　　　　　) of this class is "One (　　　) all, all
(　　) one."
Ⓢ 一人はみんなのために、みんなは一人のために！
One for all, all for one!

6

T 人の悪口を言ったり、学校の備品に落書きをしたりしないでください。
Don't speak ( ) of others, and don't draw
( ) on school ( ).

S もちろんしません！
Of course, we won't!

7

T 始業式は体育館で行います。廊下に並んでください。
The ( ) ceremony will take ( ) in the
gym. Make a line in the hallway.

S わかりました、先生。
All right, sensei.

8

T 夏休みが終わり、みなさんにまた会えてうれしいです。
I'm ( ) to ( ) you all again after the
summer vacation.

S 私たちもうれしいです！
We're glad, too!

9

T みなさんに自由研究の発表をしてもらいます。
I'll ask you to ( ) a presentation of your
( ) research.

S 自信ないな。
I'm not confident.

10

T 今学期の座席をお知らせします。
I will ( ) the ( ) ( )
for this term.

S できるだけ前に近いほうがいい！
I want to be as close to the front as possible!

答えてみよう 次の英語の質問やお題に自分なりの言葉で答えてみましょう。

Explain the meaning of the class motto to your future students.
（将来の自分の児童にクラスのモットーの意味を説明しましょう【理由も答えてみましょう】）

例 I want all of you to do your best all of the time. This is because it will give you
the best chance to achieve your goals.
（いつもベストを尽くしてほしいです。あなたの目標を遂げる最高の機会をくれるからです）

Word List))62 | 次の日本語を英語に直しましょう。

入学式	教育委員会
新入生	校長先生
桜	教頭先生
始業式	養護教諭
教科書	学校事務員
転校生	学級担任
席替えをする	用務員
標語	高学年
集団登校する	中学年
集団下校する	低学年
新学期	長期休暇
新年度	絵日記
一学期	読書感想文
前期	自由研究
後期	朝顔

3ヒントクイズ | 3つのヒントから答えの単語を当てましょう。

ヒント1 It's a symbol of spring.

ヒント2 It's beautiful.

ヒント3 It's a flower.

1 一般的には school nurse と言われていますが、日本養護教諭教育学会は *yogo* teacher の使用を勧めています。

entrance ceremony	board of education
new student	principal
cherry blossom	vice-principal
opening ceremony	school nurse/*yogo* teacher[1]
textbook	school secretary
transfer student	homeroom teacher
change seats	custodian
motto	higher grade
walk to school together	middle grade
walk home from school together	lower grade
new term	long vacation
new academic year	picture diary
first term	book report
first semester	independent research
second semester	morning glory

▶ ヒントの訳

1. 春の象徴です。

2. 美しいです。

3. 花です。

 答え cherry blossom （桜）

145

様々な季節の行事で使う表現を覚えましょう。

Key Phrases　))63 │ 音声を聴いてそれぞれの英文を言いましょう。

1

もうすぐゴールデン・ウィークです。

Golden Week is just around the corner.

同義の表現として、Golden Week is coming (up) soon.、It is almost Golden Week. などがあります。「2週間後に」などと言いたい場合は in two weeks のような「in ＋時間」を使います。

2

母の日には、お母さんに感謝の気持ちを示してください。

On Mother's Day, express your appreciation to your mom.

appreciation は「感謝 (の気持ち)」という意味です。関連語として、carnation (カーネーション) や Father's Day (父の日) があります。

3

短冊に願い事を書いてください。

Write your wishes on strips of paper.

wish (願い事) の関連表現として make a wish (願い事をする) があります。strip は「(紙・板などの) 細長い1片」という意味です。

4

21日から22日まで山にキャンプをしに行きます。

We'll go camping in the mountains from the 21st to the 22nd.

go ～ing で「～しに行く」という意味になります。from A to B で「AからBまで」という期間を示します。

5

お団子を食べて満月の美しさを祝います。

We celebrate the beauty of the full moon by eating sweet dumplings.

「お月見」は moon viewing と言います。celebrate は「～を祝う」という意味です。dumpling は「団子」という意味ですが、「ぎょうざ」という意味でも使います。

6

掘るときは、スコップでジャガイモを傷つけないように注意してください。

When digging, be careful not to damage the potatoes with your shovel.

dig は「〜を掘る」という意味です。関連語として、sweet potato（サツマイモ）があります。

7

クリスマスの飾りで教室を飾りましょう。

Let's decorate our classroom with Christmas ornaments.

decorate は「〜を飾る」、ornament は「飾り」という意味です。Christmas の略式として、Xmas と書くことがありますが、これはキリストを表すギリシア語の頭文字が X であることに由来しています。

8

お年寄りの人たちが、みなさんに伝統的なお正月の遊びを紹介してくれます。

Elderly people will introduce their traditional New Year's games to you.

elderly は「お年寄りの」という意味です。「introduce 〜 to 人」で「〜を（人）に紹介する」という意味です。

9

豆を撒いて、邪気を払い福を招き入れます。

We scatter beans to drive out evil spirits and welcome in good luck.

scatter は「〜を撒く」、drive out は「〜を追い払う」、evil は「邪悪（な）」、spirit は「霊」という意味です。福は「幸運」と考えて、good luck でよいでしょう。

10

折り紙でお内裏様とおひな様の人形を作るのはどうでしょう。

We can make some origami dolls of the emperor and the empress.

「ひな祭り」は Girls' Day と言います。「お内裏様」は emperor、「おひな様」は empress と言います。

Column　英語 Q&A

Q
英語らしく話すために気をつけることは何ですか？

A　英語らしく話すには、「連結」（連続する二語で最初の語の語末の子音と後続する語の語頭の母音がつながること）、「脱落」（音が落ちること）、「同化」（前後の単語が互いに影響を及ぼし音が変わること）に気をつける必要があります。例えば、Key Phrase 1 にある、just around（ジャスト アラウンド）は連結のため「ジャスタラウンド」、around the（アラウンド ザ）は脱落のため「アラウンザ」、Key Phrase 3 にある Write your（ライト ユア）は同化のため「ライチュア」となります。

Exercise　))) 64

1. 穴埋めしながら音読しましょう。（答えは前ページ）
2. 音声を聞いて、英文のあとについて言いましょう。

1 　**T** もうすぐゴールデン・ウィークです。何をしますか？
Golden Week is just (　　　　) the (　　　　). What
are you going to do?

　S お神輿を担ぎます。
I'm going to carry a portable shrine.

2 　**T** 母の日には、お母さんに感謝の気持ちを示してください。家事のお手
伝いをしてあげたらどうですか？
On Mother's Day, express your (　　　　　　) to
your mom. Why don't you help her with the
housework?

　S そうします！
I will!

3 　**T** 短冊に願い事を書いて笹の葉につるしてください。
Write your (　　　　) on (　　　　) of paper and
hang them on bamboo leaves.

　S プロサッカー選手になれますように。
I wish I could be a professional soccer player.

4 　**T** 21日から22日まで山にキャンプをしに行きます。
We'll go (　　　　　) in the mountains from the 21st
(　　) the 22nd.

　S ワクワクしてきた！
I'm getting excited!

5 　**T** お団子を食べて満月の美しさを祝います。
We (　　　　) the beauty of the (　　　) moon by
eating sweet (　　　　).

　S 月見うどんを思い出します。
They remind me of *tsukimi udon*.

6

T 掘るときは、スコップでジャガイモを傷つけないように注意してください。
When ( ), be careful not to ( ) the potatoes with your shovel.

S このジャガイモの大きさ見て！
Look at the size of this potato!

7

S もうすぐクリスマスですね。
Christmas is coming.

T クリスマスの飾りで教室を飾りましょう。
Let's ( ) our classroom with Christmas ( ).

8

T お年寄りの人たちが、みなさんに伝統的なお正月の遊びを紹介してくれます。
( ) people will introduce their traditional ( ) ( ) games to you.

S どんなのかな。
I wonder what they are.

9

T 豆を撒いて、邪気を払い福を招き入れます。
We ( ) beans to ( ) out ( ) spirits and welcome in good luck.

S 鬼は外、福は内！
Devils out, happiness in!

10

S 先生、おひな祭りに何かしませんか？
Sensei, why don't we do something for Girls' Day?

T 折り紙でお内裏様とおひな様の人形を作るのはどうでしょう。
We can make some origami dolls of the ( ) and the ( ).

答えてみよう　次の英語の質問やお題に自分なりの言葉で答えてみましょう。

What do you do on ○○?
（○○では何をしますか？【○○に季節の行事名を入れ、3文以上で答えてみましょう】）

例 【New Year's Dayの場合】On New Year's Day, I have some *ozoni* and *osechi*. I always make them with my family on New Year's Eve. Baked rice cakes are delicious.
（お正月にお雑煮とおせちを食べます。大晦日によく家族と一緒に作ります。焼いたお餅がとてもおいしいです）

Word List)))65 | 次の日本語を英語に直しましょう。

学校行事	敬老の日
祝祭日	授業参観日
振替休日	秋分の日
エープリルフールの日	お月見
家庭訪問	文化の日
憲法記念日	勤労感謝の日
こどもの日	大晦日
教育実習生	元旦
母の日	カルタ大会
父の日	雪合戦
梅雨	豆まき
七夕	建国記念の日
海の日	天皇誕生日
キャンプ	ひな祭り
花火	春分の日

3ヒントクイズ | 3つのヒントから答えの単語を当てましょう。

ヒント1 We make a wish.

ヒント2 It's held in summer.

ヒント3 It's related to stars.

1 substitute は「代わりの」という意味です。
2 equinox は昼夜の長さがほぼ同じになる「春分」「秋分」のこと。

3 vernal は「春に現れる」という意味。

school event	Respect-for-the-Aged Day
national holiday	parents' day
substitute[1] holiday	Autumnal Equinox[2] Day
April Fool's Day	moon viewing
home visit	Culture Day
Constitution Day	Labor Thanksgiving Day
Children's Day	New Year's Eve
student teacher	New Year's Day
Mother's Day	*karuta* tournament
Father's Day	snowball fight
rainy season	bean-throwing/scattering
Star Festival	National Foundation Day
Marine Day	the emperor's birthday
camping	Dolls' Festival/Girls' Day
fireworks	Vernal[3] Equinox Day

▶ ヒントの訳

1. 願い事をします。

2. 夏に行われます。

3. 星に関係があります。

答え the Star Festival
（七夕）

運動会・合唱コンクール

運動会・合唱コンクールで使う表現を覚えましょう。

1 | 優勝目指して頑張りましょう！
Let's do our best to win the championship!
win the championship は「優勝する」という意味です。

2 | 整列して行進します。
We'll march in lines.
march は「行進する」という意味です。何列にも並んで行進しますので、「整列」は lines と複数形にします。

3 | みなさん、仲間を応援しよう！
Everyone, cheer for our friends!
「〜を応援する」は cheer for 〜と言います。類義の表現に、cheer on 〜や root for 〜があります。

4 | 100メートル走で1位になりましたね！
You came first in the 100-meter race!
「〜メートル走」は〜-meter race と言います。come first/second は「1位／2位になる」という意味です。

5 | 大縄跳びがうまくいくコツは心を一つにすることです。
The key to jumping long rope successfully is to be of one mind.
「〜のコツ、秘訣」は key to 〜と言います。jump rope は「縄跳びをする、縄跳び」、be of one mind で「一致団結している、意見が一致している」という意味です。

6 ことわざにあるように、「継続は力なり」です。

As the saying goes, practice makes perfect.

「ことわざ」はsayingと言い、同義語としてproverbがあります。このフレーズのgoは「(話などが) 言っている」という意味です。Practice makes perfect. は「練習することで完璧になる」という意味から「継続は力なり」という意味になります。

7 心を込めて歌のサビを歌ってください。

Sing the climax of the song from your heart.

climaxは「サビ (山場)、最高潮」という意味です。from one's heartは「心から」という意味です。

8 深呼吸をしてステージに立ってください。

Take a deep breath and step onto the stage.

take a breathは「息を吸う」、stepは「足を踏み入れる」という意味です。

9 みなさんが本当にうまく歌ったことに感動しました。

I was impressed that everyone sang really well.

be impressedで「感動する」という意味です。

10 日々の練習の成果がでましたね。

Your daily practice has paid off.

daily「毎日の、日々の」、pay offは「うまくいく、報われる」という意味です。

Column 英語Q&A

Q

英語でよく使われる
音の工夫 (技巧) は
ありますか?

A 単語の最初の音を合わせる頭韻 (alliteration) があります。例えば、bed and breakfast (一泊朝食付き) や hale and hearty (元気一杯) などの慣用句でみられます。アイルランド生まれの作家ジェイムズ・ジョイス (James Joyce [1882-1941]) は、自分が育ったダブリンを Dear Dirty Dublin (愛すべき汚ったねえダブリン) と作品の中で呼びました。詩や早口言葉でもよく使われます。Peter Piper picked a peck of pickled peppers. や She sells seashells by the seashore. などが有名です。暗記して声に出して言えるようになれば発音の練習にもなるでしょう。

Exercise　))) 67

1. 穴埋めしながら音読しましょう。（答えは前ページ）
2. 音声を聴いて、英文のあとについて言いましょう。

1 Ⓣ 優勝目指して頑張りましょう！
Let's (　　　) our (　　　　) to (　　　) the championship!

Ⓢ はい、頑張ります！
Yes, we will!

2 Ⓣ 開会式では、整列して行進します。
In the opening ceremony, we'll (　　　) in (　　　).

Ⓢ 横はシュンさんか。
Shun is next to me.

3 Ⓣ みなさん、仲間を応援しよう！
Everyone, (　　　) (　　) our friends!

Ⓢ 頑張れ！
Go for it!

4 Ⓣ 100メートル走で1位になりましたね。すごかったですね！
You (　　　) (　　　　) in the 100-meter race. You
were great!

Ⓢ とてもうれしいです！
I'm very happy!

5 Ⓣ 大縄跳びがうまくいくコツは心を一つにすることです。
The (　　) to jumping long rope successfully is to be
of (　　) (　　　).

Ⓢ 覚えておきます。
We'll keep that in mind.

6 🅣 ことわざにあるように、「継続は力なり」です。今日も練習しましょう。
As the (　　　　　) (　　　　　), practice makes
(　　　　　). Let's practice today, too.

🅢 今日もですかァ…
Today, too ...

7 🅣 心を込めて歌のサビを歌ってください。
Sing the (　　　) of the song (　　　) your (　　　　).

🅢 やってみます。
We'll try to.

8 🅢 緊張してきた。
I'm getting nervous.

🅣 深呼吸をしてステージに立ってください。
(　　　　) a deep (　　　　) and (　　　) onto the
stage.

9 🅢 先生、私たちの歌はどうでしたか?
Sensei, how was our song?

🅣 みなさんが本当にうまく歌ったことに感動しました。
I (　　) (　　　　　) that everyone sang really well.

10 🅣 日々の練習の成果がでましたね。
Your (　　　　) practice has (　　　　) (　　　).

🅢 先生のおかげです。
Thanks to you, sensei.

答えてみよう 次の英語の質問やお題に自分なりの言葉で答えてみましょう。

What's the key to ○○ successfully?
(○○のコツは何ですか?【○○に運動会の競技名を入れ、理由とともに答えましょう】)

例 【玉入れの場合】The key to tossing beanbags succsessfully is to concentrate on
your throwing. This is because you need to control your arm to throw the
beanbag accurately.
(玉入れをうまくするコツは投げることに集中することです。正確に玉を投げるときに腕をコ
ントロールする必要があるからです)

Word List))) 68 | 次の日本語を英語に直しましょう。

運動会	ゼッケン
ラジオ体操	はちまき
騎馬戦	合唱コンクール
綱引き	指揮者
リレー	観客
大玉転がし	伴奏者
二人三脚	発声練習
赤組と白組	リハーサル
障害物競走	ハーモニー
応援合戦	ソプラノ
ムカデ競争	アルト
玉入れ	バス
行進曲	課題曲
笛	自由曲
救急箱	深呼吸をする

3ヒントクイズ　3つのヒントから答えの単語を当てましょう。

ヒント1　It can be done by individuals.

ヒント2　We move our body to the music.

ヒント3　It's a way of warming up.

1 mock は「偽の」という意味です。 2 cavalry は「騎馬隊」という意味です。 3 tug は「引っ張ること」という意味 です。 4 bib は「よだれかけ」という意味です。

sports day	race bib[4]
radio exercise	headband
mock[1] cavalry[2] battle	chorus contest
tug-of-war[3]	conductor
relay race	audience
ball-rolling race	accompanist
three-legged race	vocal exercise
red team and white team	rehearsal
obstacle race	harmony
cheering battle	soprano
centipede race	alto
beanbag toss	bass
march	set song
whistle	free song
first-aid kit	take a deep breath

▶ ヒントの訳

1. 個人個人でできます。

2. 音楽に合わせて体を動かします。

3. 準備運動の一形態です。

答え radio exercise
（ラジオ体操）

Unit 32 遠足・校外学習・修学旅行

遠足・校外学習・修学旅行で使う表現を覚えましょう。

Key Phrases))) 69 | 音声を聴いてそれぞれの英文を言いましょう。

1 虫に刺されないように、長ズボンを履いてください。
Wear long pants so you don't get bitten by insects.

bite は「〜をかむ、〜を刺す」、insect は「(クモなどの) 虫、昆虫」という意味です。「get ＋過去分詞」で「〜される」という意味になり、「be 動詞＋過去分詞」と比べ、動きを伴うニュアンスがよりあります。

2 山頂からの眺めは素晴らしいですよ！
The view from the top of the mountain is marvelous!

view (眺め) の同義語として sight、marvelous (素晴らしい) の同義語として spectacular があります。

3 遠足は雨で明日に延期になりました。
The outing was put off to tomorrow because of rain.

outing (遠足) の同義語として excursion があります。また、put off (延期する) の類似の表現として、postpone があります。関連表現として、「中止する」を意味する cancel や call off があります。

4 ここで私たちが飲む牛乳がどのように作られているのか見学します。
We're here to see how the milk we drink is processed.

目の前で行われることを見学する場合は、see や observe を用い、訪問して見学する場合には、go や visit を用います。process は「(食品など) を加工処理する」という意味です。

5 どのように製品が消費者に届けられるかわかりましたか？
Did you understand how the product reaches the consumers?

reach は「〜に届く」という意味です。consumer (消費者) の対義語として、producer (生産者) や manufacturer (製造者) があります。

6
2泊3日で京都に行きます。

We're going to Kyoto on a three-day trip.

2泊3日のような「〇泊〇日」の表現は、旅行日数をひとまとめにして表現するため、a three-day tripのようにa（不定冠詞）をつけて表します。

7
誰かここに修学旅行のしおりを置き忘れていました。

Someone left the school trip booklet here.

ルールや目標などが書かれたしおりはhandbookもしくはbookletと言います。日程や旅程と簡単な内容だけが書かれたものはprogramと言います。

8
消灯時間は11時で、枕投げは禁止です！

Lights-out time is at 11:00, and no pillow fights!

「消灯時間（lights-out time）」に対して「起床時間」はwake-up timeと言います。「枕投げ」は「枕を使った戦い」と考えてpillow fightと言えます。

9
どんなお土産を買いましたか？

What souvenirs did you buy?

souvenirは「お土産」という意味です。関連表現として、「土地の名産品」は食品の場合にはlocal specialty、雑貨等の場合にはspecial local productと言います。

10
家に帰るまでが修学旅行です。

The school trip isn't over until you get back home.

文字通りの日本語訳にすると、「家に帰るまで修学旅行は終わりません」になります。isn't over（〜が終わらない）の同義の表現として、doesn't endがあります。

Column　英語Q&A

Q 英語を楽しく学ぶためのおすすめの方法はありますか？

A 英語圏の番組が動画配信で視聴できるなど、この頃は英語に気軽に触れる機会が増えています。大人と子どもの双方が楽しめる英語学習の媒体に、comic や manga（漫画、日本発信のものをこう呼ぶことが多いです）があります。絵からの情報があるので背景がよくわかりますし、教科書に記載されている文章よりも長いスパンで物語が進むので文脈理解の力が深まります。会話文が多く、言い回しや語彙の知識も増えるので、おすすめです。

Exercise))) 70

1. 穴埋めしながら音読しましょう。(答えは前ページ)
2. 音声を聴いて、英文のあとについて言いましょう。

1
T 虫に刺されないように、長ズボンを履いてください。
Wear long pants so you don't get (   ) by
(   ).

S Tシャツは着てもいいですか?
Can I wear a T-shirt?

2
S 先生、歩き疲れました。
Sensei, I'm so tired from walking.

T でも、山頂からの眺めは素晴らしいですよ!
But the (   ) from the (   ) of the mountain
is (   )!

3
T 遠足は雨で明日に延期になりました。「てるてる坊主」を外に吊るしましょう。
The outing was (   ) (   ) to tomorrow because
(   ) rain. Let's hang a _teru-teru-bozu_ outside.

S 明日天気になーれ!
Rain, rain go away!

4
S ここで何をするんですか?
What are we going to do here?

T 私たちが飲む牛乳がどのように作られているのか見学します。
We're (   ) to (   ) how the milk we drink is
(   ).

5
T どのように製品が消費者に届けられるかわかりましたか?
Did you understand how the (   )
(   ) the (   )?

S はい、興味深かったです!
Yes, it was interesting!

6 🅣 2泊3日で京都に行きます。
We're going to Kyoto on (　　) (　　　　　)
(　　　).

🅢 待ちきれない!
I can't wait!

7 🅣 誰かここに修学旅行のしおりを置き忘れていました。
Someone (　　　) the school trip (　　　　) here.

🅢 それ、私のです。
Oh, it's mine.

8 🅣 消灯時間は11時で、枕投げは禁止です!
(　　　　　　) time is at 11:00, and no pillow
(　　　)!

🅢 枕を「投げたりは」しませんよ!
We won't 'throw' the pillows!

9 🅣 どんなお土産を買いましたか?
What (　　　　) did you buy?

🅢 名物の抹茶のお菓子!
The local specialty, the *matcha* sweets!

10 🅣 家に帰るまでが修学旅行です。気をつけて帰りましょう。
The school trip isn't (　　) (　　) you get back
(　　　). Have a safe journey back.

🅢 はい、サトウ先生。さようなら!
Yes, Sato sensei. Goodbye!

答えてみよう 次の英語の質問やお題に自分なりの言葉で答えてみましょう。

Where are you going to go for the field trip?
(遠足はどこに行きますか?【3文以上で答えてみましょう】)

例 We are going to go to the city museum. We're meeting at 10:00 a.m. We are excited.
(市立美術館へ行きます。10時集合です。楽しみです)

Word List))) 71 | 次の日本語を英語に直しましょう。

遠足	水族館
天気予報	動物園
雨がっぱ	植物園
傘	修学旅行
リュックサック	旅程
ビニール袋	しおり
運動靴	おこづかい
弁当	集合時間
おやつ	集合場所
虫除け	テーマパーク
校外学習	観光
酔い止め	寝間着
地元産業	消灯時間
伝統	起床時間
博物館	お土産

3ヒントクイズ | 3つのヒントから答えの単語を当てましょう。

ヒント1 We need them.

ヒント2 They are food, but not a meal.

ヒント3 Many kids love them.

1 allowancesのもとになっている動詞allowは「許す」という意味です。

outing/excursion

weather forecast

rainwear

umbrella

backpack

plastic bag

sports shoes

lunch box

snacks

insect repellant

field trip

motion sickness medicine

local industry

tradition

museum

aquarium

zoo

botanical garden

school trip

program/itinerary

handbook/booklet

allowance[1]

meeting time

meeting place

theme park

sightseeing

nightwear

lights-out time

wake-up time

souvenir

▶ ヒントの訳

1. 私たちには必要です。

2. 食べ物ですが、食事ではありません。

3. 多くの子どもは大好きです。

答え snacks（おやつ）

健康診断・身体測定

健康診断・身体測定で使う表現を覚えましょう。

Key Phrases 》)72 │ 音声を聴いてそれぞれの英文を言いましょう。

1
健康診断はみなさんのからだのことを知るよい機会です。
A health check is a good chance to learn about your body.
「健康診断」は(school) physical、medical checkup、あるいは単にcheckupと言うこともできます。

2
検査の前に問診票をおうちの人に書いてもらってください。
Ask your parents to fill out the medical form before the checkup.
「記入する」を意味するfill outは書類のすべてを記入する場合に用い、書類の一部を記入する場合にはfill inを用います。

3
前日の夜には必ずお風呂に入りましょう。
Make sure you take a bath the night before.
make sure (that主語＋動詞) は「必ず〜する」という意味です。「前日の夜」はthe previous nightとも言えます。

4
靴と靴下を脱いで身長を測り、体重を量りましょう。
Take off your shoes and socks to have your height measured and be weighed.
take off 〜は「〜を脱ぐ」という意味です。「have＋目的語＋過去分詞形」で「目的語を〜(過去分詞形)してもらう」という意味です。weighは「〜の重さを量る」という意味です。

5
身長計に乗って、背筋を伸ばしてください。
Stand on the height scale and straighten your back.
straightenは「〜をまっすぐにする」という意味です。stand/sit up straight (立って／座って背筋を伸ばす) という言い方もあります。「体重計」はweight scaleと言います。

6 去年より身長は伸びましたか？
Are you taller than last year?

「背が伸びる」は be taller 以外に <u>grow</u>/<u>get</u> taller とも言えます。

7 座っている間はじっとしていてください。
Stay still while you're sitting.

still は「静止した」という意味です。類義の表現として、<u>Keep</u>/<u>Hold</u>/<u>Stay</u> still. があります。

8 ヘッドホンを着けて、音が聞こえたらボタンを押してください。
Put on the headphones and push the button when you hear a sound.

put on ～は「～を身につける」という意味です。「聴覚検査」は hearing test と言います。

9 輪の切れ目の方を指さしてください。
Point in the direction of the gap in the ring.

point は「指さす」という意味です。「視力検査」は eyesight test、vision test、または visual acuity test と言います。例文の ring は、切れ目のある円「ランドルト環（＝Landolt ring）」を意味しています。

10 学校の歯医者さんが虫歯がないかどうかチェックしてくれます。
A school dentist will check if you have any cavities.

「虫歯」は cavity や decayed tooth（複数形は teeth）と言います。ここでの if は「～かどうか」という意味です。

Column 英語Q&A

Q
読み聞かせする
英語の絵本を
どのような基準で
選べばよいですか？

A 小学校学習指導要領や『小学校外国語活動・外国語研修ガイドブック』も踏まえ、「児童の興味関心をそそるもの」、「児童が理解可能な適切なインプット量のもの」、「インプットとアウトプットを通した児童と教師の相互交流が可能なもの」等を念頭に選んではどうでしょうか。その際、エリック・カール（Eric Carle）作 The Very Hungry Caterpillar（邦題『はらぺこあおむし』）のような定番本に偏りがちですが、アメリカの優れた児童書に贈られるコールデコット賞やニューベリー賞、またフェニックス絵本賞受賞作から絵本を探してみるのもよいかもしれません。

Exercise 》》73

1. 穴埋めしながら音読しましょう。（答えは前ページ）
2. 音声を聴いて、英文のあとについて言いましょう。

1 Ⓣ 健康診断はみなさんのからだのことを知るよい機会です。
A health (　　　　) is a good (　　　　) to learn
about your body.

Ⓢ 嫌だなあ。
I don't like them.

2 Ⓣ 検査の前に問診票をおうちの人に書いてもらってください。
Ask your parents to (　　　) (　　　) the medical
form before the (　　　　).

Ⓢ はい、タナカ先生。
Yes, Tanaka sensei.

3 Ⓣ 前日の夜には必ずお風呂に入りましょう。
Make sure you (　　　) a (　　　) the night
(　　　).

Ⓢ 入らないといけませんか?
Do we have to?

4 Ⓣ 靴と靴下を脱いで身長を測り、体重を量りましょう。
Take (　　　) your shoes and socks to have your
(　　　) measured and be weighed.

Ⓢ わかりました、先生。
All right, sensei.

5 Ⓣ 身長計に乗って、背筋を伸ばしてください。
Stand on the height (　　　　) and (　　　　　　)
your back.

Ⓢ こうですか?
Like this?

6 🅣 去年より身長は伸びましたか？
Are you (   ) (   ) last year?

🅢 はい、2センチ伸びました。
Yes, by 2 centimeters.

7 🅣 校医さんが胸の音を聴きます。座っている間はじっとしていてください。
The school doctor is going to listen to your heart.
Please (   ) (   ) while you're sitting.

🅢 はい、そうします。
OK, I'll do that.

8 🅣 ヘッドホンを着けて、音が聞こえたらボタンを押してください。
(   ) (   ) the headphones and (   ) the
button when you hear a sound.

🅢 わかりました。
All right.

9 🅢 どのように視力検査をするのですか？
How do they test my eyesight?

🅣 輪の切れ目の方を指さしてください。
(   ) in the (   ) of the gap in the ring.

10 🅣 学校の歯医者さんが虫歯がないかどうかチェックしてくれます。
A school (   ) will check if you have any
(   ).

🅢 ないといいなあ！
I hope I don't!

答えてみよう 次の英語の質問やお題に自分なりの言葉で答えてみましょう。

Compare how you were at 10 years old with how you are now.
（10歳のときの自分と今の自分を比べてみましょう【3文以上で答えましょう】）

例 At 10 years old, I wasn't tall. I'm taller now. Meanwhile, my eyesight became
worse.
（10歳のとき、身長は高くなかったです。今はより高いです。一方で、視力は悪くなりました）

Word List))74 | 次の日本語を英語に直しましょう。

健康診断	保健室
身長	絆創膏
体重	包帯
舌	消毒液
胸	車いす
腕	松葉杖
脚	頭痛
足	風邪
骨	熱
心臓	くしゃみ
おなか	咳
尿検査	鼻水
視力	のどの痛み
体温計	虫歯
体温	熱中症

3ヒントクイズ | 3つのヒントから答えの単語を当てましょう。

ヒント1 It tells us about our health condition.

ヒント2 It tells us if we have a fever.

ヒント3 It tells us about our body temperature.

1 arm は肩から手首の間を指し、手首から先は hand になります。

2 leg はふともも付け根から足首までの間を指し、足首から下の部分は foot（複数形 =feet）になります。

health check	school nurse's office
height	Band-Aid
weight	bandage
tongue	sanitizer
chest	wheelchair
arm[1]	crutch
leg[2]	headache
foot	cold
bone	fever
heart	sneeze
belly	cough
urine test	runny nose
eyesight	sore throat
thermometer	cavity/decayed tooth
body temperature	heatstroke

▶ ヒントの訳

1. 健康状態を教えてくれます。

2. 熱があるかどうかを教えてくれます。

3. 体温について教えてくれます。

 答え thermometer（体温計）

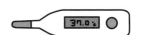

Unit 34 避難訓練・交通安全教室

避難訓練や交通安全教室で使う表現を覚えましょう。

Key Phrases	)))75	音声を聴いてそれぞれの英文を言いましょう。

1 今日の火災訓練では、火災警報器が鳴ります。

In today's fire drill, a fire alarm will sound.

災害を想定した「訓練」には drill という語を使います。alarm は「警報器、目覚まし時計」、sound は「(鐘などが) 鳴る」という意味です。

2 落ち着いて避難指示に従ってください。

Be calm and follow the evacuation instructions.

calm は「落ち着いた」、follow は「(人や指示などに) 従う」、evacuation は「(危険な場所から安全な場所への) 避難」という意味です。

3 ハンカチで口を覆ってください。

Hold a handkerchief over your mouth.

同義の表現として、Cover your nose and mouth with a handkerchief. (ハンカチで鼻と口を覆ってください) があります。

4 地震が起こったら、身を守るために机の下に入ってください。

When an earthquake occurs, get under a desk to protect yourself.

具体的なものから身を守る場合、protect oneself from the earthquake (地震から身を守る) のように、from の後ろに災害名等をつけます。

5 窓ガラスや落ちてくるものから離れてください。

Stay away from windows and falling objects.

stay away from 〜で「〜から遠ざかる」、object は「もの」という意味です。

6 揺れが収まったら、安全な場所に避難してください。

When the shaking stops, evacuate to a safe area.

shake は「揺れ、揺れる」、evacuate は「避難する」という意味です。災害時や緊急時に避難する場所は、evacuation assembly <u>area</u>/<u>point</u>（避難集合場所）と言います。

7 校舎から出て、運動場に集まってください。

Get out of the school building and gather in the playground.

「校舎」は school building、「運動場」は playground と言います。get out of ～ で「～から出る」、gather in ～ で「～に集まる」という意味です。

8 自転車に乗るときは忘れずにヘルメットをかぶってください。

Remember to wear a helmet when riding a bicycle.

remember to ～（忘れずに～する）と remember ～ing（～したのを覚えている）の違いに気をつけましょう。

9 自転車は左側を走り、歩行者は右側を歩くべきです。

Bicycles should ride on the left and pedestrians should walk on the right.

この場合の ride は「～が進む、動く」という意味です。「歩行者」はここでは pedestrian を使っていますが、walker などやさしい言い方にしてもよいです。

10 それは「横断禁止」の標識なので、ここで道を渡ってはいけません。

That's a "No Crossing" sign, so you mustn't cross the street here.

cross は「（道路など）を渡る」という意味です。関連表現として、pedestrian crossing「横断歩道」があります。

Column 英語 Q&A

 Q

英語で本を読めたらよいと思うのですが、そのためのよい方法はありますか？

A 英語圏の juvenile novel（ヤングアダルト小説）には、日本語で良訳が出ているものが多くありますので、訳を参照しつつ読み進めてはどうでしょうか。対象の読者層は小学校高学年から高校生まで幅広いですが、いずれも子どもたちが各段階で向き合う悩みや問題について英語圏文化を背景に描いているので、教員目線で読み進められると同時に文化の理解も深まります。自分が読んで感動した本を、日英両方で子どもにおすすめできるのも魅力です。

Exercise))) 76

1. 穴埋めしながら音読しましょう。（答えは前ページ）
2. 音声を聴いて、英文のあとについて言いましょう。

1 T 今日の火災訓練では、火災警報器が鳴ります。
In today's fire (　　　), a fire alarm will (　　　).

S 緊張するなあ。
I'm nervous.

2 T 火事です！ みなさん、落ち着いて避難指示に従ってください。
It's a fire! Everyone, be calm and (　　　) the
(　　　) (　　　).

S 怖いです。
It's scary.

3 T ハンカチで口を覆ってください。
(　　　) a handkerchief over your (　　　).

S 鼻もカバーしなくちゃ。
We have to cover our noses as well.

4 T 地震が起こったら、身を守るために机の下に入ってください。
When an earthquake occurs, (　　　) (　　　) a
desk to (　　　) yourself.

S はい、します。
Yes, I will.

5 S もし近くに机がなかったらどうするのですか?
*What if there aren't any desks nearby?

T その場合は、窓ガラスや落ちてくるものから離れてください。
In that case, (　　　) (　　　) from windows and
falling objects.

*What if 〜? は「もし〜としたらどうする?」という意味です。

6 **T** 揺れが収まったら、安全な場所に避難してください。
When the (　　　　　) stops, (　　　　　) to a safe area.
S それはどこですか?
Where is one?

7 **T** 校舎から出て、運動場に集まってください。
(　　　) out of the school building and (　　　　) in the (　　　　).
S わかりました。
OK.

8 **T** 自転車に乗るときは忘れずにヘルメットをかぶってください。
(　　　　)(　　)(　　　　) a helmet when riding a bicycle.
S 法律になったね。
That became a law.

9 **T** 自転車は左側を走り、歩行者は右側を歩くべきです。
Bicycles should (　　　　) on the left and (　　　　) should walk on the right.
S よく忘れてしまいます。
I often forget that.

10 **T** ほら! それは「横断禁止」の標識なので、ここで道を渡ってはいけません。
Look! That's a "(　　)(　　　　)" sign, so you mustn't cross the street here.
S あっ、ごめんなさい!
Oh, sorry!

答えてみよう 次の英語の質問やお題に自分なりの言葉で答えてみましょう。

How do you protect yourself from earthquakes?
（地震からどう身を守りますか?【3文以上で答えてみましょう】）

例 When the shaking starts, I get under my desk. Then, I stay there until the shaking stops. After that, I evacuate to a safe area.
（揺れが始まったら、机の下に行きます。そして、揺れが収まるまでそこにいます。そのあと、安全な場所に避難します）

Word List))77 | 次の日本語を英語に直しましょう。

避難訓練	不審者
火災訓練	防犯カメラ
防災訓練	防犯ブザー
避難経路	見回り
避難集合場所	交通安全教室
暴風警報	歩行者
緊急	交通標識
非常口	横断禁止
火災警報器	横断歩道
緊急連絡先	歩道
非常食	踏切
地震	交差点
消火器	信号機
懐中電灯	横断旗
拡声器	右側通行する

3ヒントクイズ | 3つのヒントから答えの単語を当てましょう。

ヒント1 It has many colors.

ヒント2 People must obey it.

ヒント3 It has three lights.

evacuation drill	suspicious person
fire drill	security camera
disaster drill	security buzzer
evacuation route	patrol
evacuation assembly area/point	road safety class
storm warning	pedestrian
emergency	traffic sign
emergency exit	No Crossing
fire alarm	pedestrian crossing
emergency contact	sidewalk
emergency food	railroad crossing
earthquake	crossroad/intersection
fire extinguisher	traffic light
flashlight	crossing flag
megaphone	keep right

▶ ヒントの訳

1. たくさんの色があります。

2. 人々は従わないといけません。

3. ライトが3つあります。

 答え traffic light
（信号機）

終業式・卒業式

終業式・卒業式で使う表現を覚えましょう。

Key Phrases))) 78 | 音声を聴いてそれぞれの英文を言いましょう。

1 終業式で校長先生のお話をよく聴いてください。

Listen carefully to the principal's talk at the closing ceremony.

終業式は closing ceremony と言います。talk の代わりに speech を使うこともできます。

2 通知表をひとりずつ渡しますので、廊下に来てください。

I will hand out the report cards individually, so come to the hallway.

「通知表・通信簿」は、アメリカ英語では report card ですが、イギリス英語では単に report と言います。hand out は「〜を配る」という意味です。「ひとりずつ」は individually のほかに one by one ということもできます。

3 面倒なことに遭わないように SNS の利用には注意しましょう。

You should use SNS carefully so that you don't get into trouble.

get into trouble は「面倒なことになる、問題を起こす」という意味です。英語圏では SNS (Social Networking Service) を含む広義の「social media」がよく使われますが、日本では「SNS」と言う方が理解されやすいです。

4 この1年間の頑張りを思い返してください。

Think back on all the hard work you have done for the last one year.

学級じまいなどに使える表現です。think back on 〜は「〜について思い返す」という意味です。the last (one) year は今からさかのぼって「この1年間」となります。the のない last year は「去年」のことになりますので、注意が必要です。

5 送る会では、6年生に感謝の言葉を伝えましょう。

In the farewell party, say thank you to our sixth graders.

farewell は「別れ」という意味で、farewell party の他に goodbye party や send-off party と言うこともできます。「感謝」には thank you 以外にも gratitude という語もあります。

6 明日の卒業式の会場準備をします。

We're going to set up the venue for tomorrow's graduation ceremony.

在校生に向けた会場準備に関する発言です。set up ～は「～を準備する」という意味で、同義語に prepare があります。venue は大きな催しの「会場」を指します。

7 名前を呼ばれたら、大きな声で返事をしてください。

When your name is called, answer in a loud voice.

「返事をする」には answer の他に respond もありますが、前者の方が一般的です。respond は answer よりも堅く、特に「迅速な反応」という意味合いがあります。

8 卒業おめでとう！

Congratulations on your graduation!

congratulations と語尾を複数形にします。略式で congrats と言う場合もあります。カジュアルな言い方として、Happy graduation! という言い方もあります。

9 みなさんと過ごした時間は私にとって宝物です。

The time spent with all of you was a treasure for me.

treasure は「宝物」という意味です。a treasure の代わりに、「貴重な」を意味する precious や priceless を用いることもできます。

10 記念写真を撮りましょう。笑顔で、はい、チーズ！

Let's take a commemorative photo. Smile and say, "Cheese"!

take a photo で「写真を撮る」という意味です。commemorative は「記念の」という意味です。関連表現として、graduation photo（卒業写真）があります。

Column　**英語 Q&A**

Q

お薦めの英語の絵本があれば教えてください。

Ⓐ 大人は文字から多くの情報を得るのに対して、児童は絵から多くの情報を得ます。児童はわからない英単語があっても絵からその意味を補うことができるため、絵と内容が一致している絵本を選ぶ必要があります。絵と内容が一致した絵本の一例として、Todd Parr（トッド・パール）作、It's Okay to Be Different（邦題『ええやん　そのままで』）を紹介します。原題からもわかる通り、今日的課題としての多様性や人権、ジェンダー平等を学ぶことができる絵本です。

Exercise　)) 79

1. 穴埋めしながら音読しましょう。（答えは前ページ）
2. 音声を聴いて、英文のあとについて言いましょう。

1 　Ⓣ 終業式で校長先生のお話をよく聴いてください。
Listen carefully to the principal's talk at the
(　　　　) (　　　　　　).

　Ⓢ しーっ!
Shhh!

2 　Ⓣ 通知表をひとりずつ渡しますので、廊下に来てください。
I will hand out the (　　　　) cards (　　　　　　　),
so come to the hallway.

　Ⓢ はい、ヤマダ先生。
Yes, Yamada sensei.

3 　Ⓣ 面倒なことに遭わないようにSNSの利用には注意しましょう。
You should use SNS carefully so that you don't
(　　　) into (　　　　).

　Ⓢ わかりました。
All right.

4 　Ⓣ この1年間の頑張りを思い返してください。
Think (　　　　　) (　　　) all the hard (　　　　　) you
have done for the last one year.

　Ⓢ ヤマダ先生が褒めてくれたのを思い出しました。
I remember Yamada sensei praised me.

5 　Ⓣ 送る会では、6年生に感謝の言葉を伝えましょう。
In the (　　　　　　) party, say thank you to our sixth
graders.

　Ⓢ 何を言おうかな?
What should I say?

6

（T）在校生のみなさんは、明日の卒業式の会場準備をします。
Current students, we're going to (　　　　) up the
(　　　　) for tomorrow's (　　　　　　) ceremony.

（S）壁を花で飾ります。
I'll decorate the walls with flowers.

7

（T）名前を呼ばれたら、大きな声で返事をしてください。
When your name is (　　　　), (　　　　) in a
(　　　　) voice.

（S）緊張するなあ。
I'm nervous.

8

（T）卒業おめでとう！
(　　　　　　　　　) (　　　) your graduation!

（S）いろいろありがとうございました。
Thank you for everything.

9

（T）みなさんと過ごした時間は私にとって宝物です。また会いましょう。
The time (　　　　) with all of you was a
(　　　　) for me. We'll see each other again.

（S）はい、そうですね！
Yes, we will!

10

（T）記念写真を撮りましょう。笑顔で、はい、チーズ！
Let's (　　　　) a (　　　　　　　) photo. Smile
and say, "Cheese"!

（S）チーズ！
Cheese!

答えてみよう　次の英語の質問やお題に自分なりの言葉で答えてみましょう。

What will you say to your students when you give them their report
cards?
（児童に通知表を渡すときどのように声かけをしますか？【3文以上で答えてみましょう】）

例 You did very well this semester. I know you studied math very hard. Keep it up!
（今学期はよくできましたね。あなたが算数を頑張って勉強していたのは知っています。この調子で頑張りましょう）

Word List))) 80 | 次の日本語を英語に直しましょう。

卒業式	卒業アルバム
卒業証書	(卒業) 寄せ書き
賞状筒	感謝の言葉
校歌	花束
国歌	記念写真
国旗	駐車場
卒業予定者	垂れ幕
卒業生	送る会
在校生	終業式
来賓	通知表・通信簿
保護者	学級通信
PTA	所持品
上級生	廊下
下級生	進級する
卒業文集	クラス替えをする

3ヒントクイズ　3つのヒントから答えの単語を当てましょう。

ヒント1 It is related to your history.

ヒント2 It reminds you of your school days.

ヒント3 It has many pictures.

1 certificate は「証明書」の意味で、certificate だけでも「卒業証書」の意味になります。 2 他の表現として、ラテン語で「校歌」を意味する alma mater があります。これはまた「母校」の意味でも使われます。 3 卒業を間近に控えた6年生のことを指します。卒業式の後は、次の graduate になります。 4 guardian は特に親以外の保護者を指します。親も含むことを明確にする場合には parents and guardians と併記します。

graduation ceremony
graduation certificate[1]
certificate tube
school song[2]
national anthem
national flag
graduating student[3]
graduate
current student
guest
parents and guardians[4]
Parent Teacher Association
senior
junior
graduation essay

graduation yearbook
(graduation) message card
gratitude
bouquet
commemorative photo
parking lot
banner
farewell party
closing ceremony
report card
classroom newsletter
belongings
hallway
move up a grade
be put into a new class

▶ ヒントの訳

1. あなたの歴史に関係があります。

2. 学校での日々を思い出させてくれます。

3. 写真がたくさん載っています。

答え graduation yearbook（卒業アルバム）

Quick Review

空欄に単語を入れて、フレーズを復習しましょう。答えはページ下にあります。

Key Phrases

1 新入生を拍手で迎えましょう。
Let's (　　　　　) our new (　　　　　) with (　　　　　).

2 夏休みが終わり、みなさんにまた会えてうれしいです。
I'm (　　　) to (　　　) you all again after the summer vacation.

3 もうすぐゴールデン・ウィークです。
Golden Week is just (　　　　　) the (　　　　　).

4 みなさん、仲間を応援しよう！
Everyone, (　　　) (　　) our friends!

5 どんなお土産を買いましたか？
What (　　　　　) did you buy?

6 前日の夜には必ずお風呂に入りましょう。
Make sure to (　　　) a (　　　) the night (　　　　　).

7 窓ガラスや落ちてくるものから離れてください。
(　　　) (　　　　) from windows and falling objects.

8 卒業おめでとう！
(　　　　　　　　) (　　　) your graduation!

Vocabulary 次の単語の日本語を英語に、英語は日本語に直しましょう。

1 motto (　　　　　　　　)
2 振替休日 (　　　　　　　)(　　　　　)

3 student teacher (　　　　　)
4 ラジオ体操 (　　　　)(　　　　　)

5 weather forecast (　　　　　)
6 くしゃみ (　　　　　)

7 fire extinguisher (　　　　　)
8 通知表・通信簿 (　　　　)(　　　)

INDEX

各Unitで学習したKey PhrasesとPart 2の Word Listをまとめました。

Key Phrases

Part 1 Classroom English

Unit 1 ： 授業開始時のあいさつ（p.16）

1	Stand up!	起立！
2	Hello, everyone.	こんにちは、みなさん。
3	How are you?	元気ですか？
4	Sit down, please.	着席してください。
5	What's the date today?	今日は何月何日ですか？
6	What day is it today?	今日は何曜日ですか？
7	How is the weather today?	今日の天気はどうですか？
8	It's hot today.	今日は暑いです。
9	What special day is today?	今日はどんな特別な日ですか？
10	How was your weekend?	週末はどうでしたか？

Unit 2 ： 歌の活動（p.20）

1	What song do you want to sing?	何の歌を歌いたいですか？
2	Let's sing "The ABC song"!	「ABCの歌」を歌いましょう！
3	Sing a little louder.	もう少し大きな声で歌ってください。
4	You can sing more energetically.	もっと元気に歌えますよ。
5	Clap your hands to the rhythm.	リズムに合わせて手をたたいてください。
6	Sing along with me.	先生と一緒に歌いましょう。
7	Can you sing it by yourself?	一人でそれを歌えますか。
8	Let's practice a chant.	チャンツを練習しましょう。
9	Listen to the melody carefully.	曲をよく聴きましょう。
10	This tune is familiar to you, isn't it?	この曲はあなたたちにとってなじみ深いですよね？

Unit 3 ： 復習（p.24）

1	Let's review.	復習しましょう。
2	What did we learn in the last lesson?	前回の授業では、何を学びましたか？
3	Did you practice at home?	家で練習してきましたか？
4	Do you remember this word?	この単語を覚えていますか？
5	Could you speak up a little bit?	もう少し大きな声で言ってくれますか？

6	If you know what "giraffe" is in Japanese, raise your hand.	「giraffe」を日本語でわかる人がいたら、手を挙げてください。
7	I'm going to give you a quiz.	小テストをします。
8	Are you ready?	準備はいいですか？
9	Do you want a hint?	ヒントが欲しいですか？
10	It starts with "m."	それは「m」で始まります。

Unit 4 ： テーマ・授業導入（p.28）

1	Let's start today's lesson.	今日の授業を始めましょう。
2	Today's theme is "animals."	今日のテーマは「動物」です。
3	I'll show you some pictures.	みなさんに数枚の絵を見せます。
4	Who knows the answer?	誰か答えがわかりますか？
5	How do you say this in English?	これを英語で何と言いますか？
6	Repeat after me.	私の後に続いて繰り返してください。
7	Which animal do you like the most?	どの動物が一番好きですか？
8	Take out your textbook.	教科書を出してください。
9	Open your textbook to Page 25.	教科書の25ページを開いてください。
10	Let's go on to today's activity.	今日の活動に移りましょう。

Unit 5 ： 活動指示①：移動（p.32）

1	Move your desks to the back.	机を後ろに下げてください。
2	Come to the front.	前に来てください。
3	Move forward.	前へ移動してください。
4	Put your desks back.	机を元に戻してください。
5	Put your desks together.	机を合わせてください。
6	Turn around.	後ろを向いてください。
7	Don't move.	動いてはいけません。
8	Make two lines.	2列になってください。
9	Sit in a circle.	円になって座ってください。
10	Go back to your seat.	席に戻ってください。

Unit 6 ： 活動指示②：学習活動説明①（p.36）

1	Look at the pictures on Page 18.	18ページの絵を見てください。
2	Can you find the cat in this picture?	この絵の中からネコを見つけられますか？
3	The one at the top of the page.	ページの上の方にあるものです。
4	Draw a line between the picture and the character.	絵と登場人物を線で結んでください。

5	Cross out the word in the list.	リストの中の単語を線で消してください。
6	Trace the letters of the alphabet.	アルファベットの文字をなぞってください。
7	Copy the sentences into your notebook.	ノートに文を写してください。
8	Check your answers with your neighbor.	横の人と答えを確かめてください。
9	Is this right or wrong?	これは合っていますか、間違っていますか？
10	Do you have any questions?	質問はありますか？

Unit 7 ： 活動指示③：学習活動説明② （p.40）

1	I'm going to read you a story.	これからお話を読んであげます。
2	Guess the title of this book.	この本のタイトルを当ててください。
3	Can you read out the sentences?	その文を声に出して読んでくれますか？
4	Do what I do.	私がするようにしてください。
5	Bring something special to you.	あなたにとって特別なものを持ってきてください。
6	Let me show you first.	私が最初にやってみます。
7	Imagine you are in a restaurant.	レストランにいるつもりになってください。
8	Play the role of a cook.	コックの役をしてください。
9	Make bigger gestures.	もっと大きな身振りをしてください。
10	Try it together.	一緒にしてみましょう。

Unit 8 ： 活動指示④：ペア・グループ活動 （p.44）

1	Make pairs.	ペアを作りましょう。
2	Work in pairs.	ペアで作業しましょう。
3	You are in Group A.	あなたたちはAグループです。
4	Who is the leader of your group?	誰があなたたちのグループのリーダーですか？
5	I'll be on this team.	私がこのチームに入ります。
6	Change roles.	役割を交替しましょう。
7	Change partners.	パートナーを交替しましょう。
8	Face each other.	お互いに向き合いましょう。
9	Who is going to be "it"?	誰が「鬼」になりますか？
10	Go around clockwise.	時計回りにすすめましょう。

Unit 9 ： 活動指示⑤：順番確認 （p.48）

1	Who is going to go first?	誰が最初にしますか？
2	Let's decide the order.	順番を決めましょう。
3	Let's play *janken*.	じゃんけんをしましょう。
4	Any volunteers?	誰かやりたい人はいますか？

5	Eeny, meeny, miny, moe. Catch a tiger by the toe. If he hollers, let him go. Eeny, meeny, miny, moe.	誰にしようかな。神様の言うとおり。
6	You'll take turns being the leader.	交代でリーダーをしてください。
7	It's your turn.	あなたの番です。
8	Go ahead.	どうぞ、進めてください。
9	Wait for your turn.	自分の番まで待って下さい。
10	Don't cut in.	割り込みしてはダメですよ。

Unit 10 ： 活動指示⑥：ゲーム説明・得点／勝敗確認 （p.52）

1	Deal out all the cards.	すべてのカードを配ってください。
2	Spread the cards out on the floor.	床の上にカードを広げてください。
3	Turn over any two cards you like.	2枚の好きなカードをめくってください。
4	When you hear "dolphin," mark it on the card.	「イルカ」という声が聞こえたら、カードのそれに印をつけてください。
5	When you get five squares in a row, shout, "Bingo!"	マスが5つ並んだら、「ビンゴ！」と叫びましょう。
6	How many cards did you get?	カードを何枚取りましたか？
7	Count your points.	点数を数えましょう。
8	Who got the highest score?	1番点数が高いのは誰ですか？
9	Group 1 is the winner!	1班の勝ちです！
10	It's a tie.	引き分けです。

Unit 11 ： 活動指示⑦：時間 （p.56）

1	It's 11:45 now.	今は11時45分です。
2	You'll have three minutes to practice.	練習時間を3分間とります。
3	Take your time.	ゆっくりしてください。
4	There is one minute left.	あと残り1分です。
5	Do you need more time?	もっと時間が必要ですか？
6	I'll give you two more minutes.	もう2分延長します。
7	Just a moment.	ちょっと待ってください。
8	We are running out of time.	もう時間がありません。
9	Hurry up!	急いでください！
10	Time is up.	終わりです。

Unit 12 ： 宿題確認・授業終了時のあいさつ （p.60）

1	You'll have homework today.	今日は宿題があります。
2	Write today's new words 10 times each.	今日の新出単語をそれぞれ10回書いてきてください。
3	Do your homework before you go out to play.	遊びに行く前に宿題をすませましょう。
4	Now, how was today's lesson?	さて、今日の授業はどうでしたか？
5	Did you reach today's goal?	今日のめあては達成できましたか？
6	Today, we learned to say, "Who is this?"	今日は、「こちらは誰ですか？」という言い方を学びました。
7	Write your reflection sheet.	振り返りシートを記入しましょう。
8	Don't forget to bring your photos next time.	次回、自分の写真を持ってくるのを忘れないでください。
9	That's all for today.	今日はここまでです。
10	Thank you for today's lesson.	今日の授業ありがとうございました。

Unit 13 ： ALTとの会話①：出迎え （p.64）

1	Welcome to ABC Elementary School.	ABC小学校へようこそ。
2	Nice to meet you. Please call me Hiro.	お会いできてうれしいです。ヒロと呼んでください。
3	What can I have our students call you?	児童たちにあなたをどのように呼ばせたらよいですか？
4	This is the vice-principal, Mr. Ueda.	こちらは教頭のウエダ先生です。
5	We are looking forward to working with you.	あなたと仕事ができるのを楽しみにしています。
6	I'm in charge of the third grade students.	私は3年生を担当しています。
7	I'll show you around the school.	校内を案内します。
8	Please help yourself.	ご自由にどうぞ。
9	The students would be happy if you joined them during recess.	休み時間に児童たちと交わってもらえれば、彼らも喜ぶでしょう。
10	We have a meeting after school on Tuesdays.	毎週火曜日の放課後にミーティングがあります。

Unit 14 ： ALTとの会話②：授業前後の打ち合わせ （p.68）

1	Each lesson is 40 minutes long today.	今日は、それぞれの授業は40分です。
2	We have Year 5, Class 1 in the second period.	5年1組の授業は2時間目です。
3	This is today's lesson plan.	これが今日の指導案です。
4	Can you think of any activities based on this topic?	このトピックに基づいた活動を何か思いつきますか？

187

5	I'll give a little advice after the first singing session.	1回目の歌の後、私がちょっとした助言をします。
6	We want the students to use these basic phrases.	児童にこれらの基本表現を使ってほしいです。
7	This student has special needs.	この児童には特別な支援が必要です。
8	What did you think of today's lesson?	今日の授業についてどう思いましたか？
9	Could we talk about next week's lessons?	来週の授業の相談をしませんか？
10	How about teaching with a tablet next week?	来週はタブレットを使って授業をするのはどうでしょうか？

Unit 15 : ALTとの会話③：授業中の対話 （p.72）

1	Would you tell the students how you spent last weekend?	先週末どのように過ごしたか、児童に話してもらえますか？
2	Would you mind talking about animals in your country?	あなたの国の動物について話してもらえませんか？
3	What's the word for *kirin* in English?	「キリン」を英語で何と言いますか？
4	May I ask a question?	質問をしてもいいですか？
5	Which is more common in the United States, "taxi" or "cab"?	アメリカでは「taxi」と「cab」のどちらがよく使われていますか？
6	I see.	なるほど。
7	We'll demonstrate the conversation to the students.	児童にその会話を実演して見せましょう。
8	Would you tell the students what to do in simple English?	簡単な英語で児童に何をすべきかを言ってもらえませんか？
9	Could you ask for volunteers?	やりたい人を募ってくれませんか？
10	Can you give her some advice?	彼女に何かアドバイスをしてくれませんか？

Unit 16 : ほめたたえ・励まし （p.78）

1	Wonderful!	すばらしい！
2	Good job!	よくできました！
3	Good answer!	いい答えです！
4	Well done!	やったね！
5	Couldn't be better!	最高だ！
6	I'm proud of you!	すごいね！
7	I like your idea!	あなたの考えはいいね！
8	You're a hard worker.	頑張り屋さんですね。
9	Keep up the good work.	その調子で頑張ってください。
10	Good boy!	いい子だね！

11	You're getting better.	よくなっています。
12	Do your best!	ベストを尽くしましょう！
13	Don't give up.	諦めないでください。
14	Don't be shy.	恥ずかしがらないで。
15	Try again.	もう一度やってごらん。
16	Go for it!	やってごらん！
17	Cheer up!	元気出して！
18	Don't worry about it.	それについて気にしないでください。
19	Good luck!	うまくいくといいですね。
20	No pain, no gain.	痛みなくして得るものなし。

Unit 17 ： 理解確認・聞き返し・発言促し（p.80）

1	Did you catch that?	それを聞き取れましたか？
2	Do you get it?	わかりますか？
3	Do you understand?	理解していますか？
4	Are you with me?	わかりますか？
5	Do you follow me?	ついてきていますか？
6	Is that clear?	はっきりしましたか？
7	Does it make sense?	わかりますか？
8	Excuse me?	すみませんがもう一度言ってもらえますか？
9	I beg your pardon?	もう一度言ってくれませんか？
10	You said, "Pineapple," right?	「パイナップル」って言ったのですか？
11	Would you say that again?	それをもう一度言ってもらえますか？
12	What did you say?	何と言いましたか？
13	Really?	本当ですか？
14	Tell me more.	もう少し詳しく言ってください。
15	What do you mean?	どういう意味ですか。
16	What do you think?	どう思いますか？
17	What's your opinion?	あなたの意見はどうですか？
18	How about you?	あなたはどうですか？
19	And you?	あなたはどうですか？
20	Anything else?	他に何かありますか？

Unit 18 ： 注目・集中・注意（p.82）

1	Look at me.	私の方を見てください。
2	Listen.	いいですか。
3	May I have your attention?	注目してもらえますか？

189

4	Look up.	顔を上げてください。
5	Take a close look.	よく見てください。
6	Concentrate on your work.	自分の作業に集中してください。
7	Behave yourself.	行儀よくしてください。
8	Be quiet.	静かにしてください。
9	Stop talking.	おしゃべりをやめてください！
10	Don't be noisy.	騒がないでください。
11	Don't make a sound!	うるさくしないでください。
12	I am talking now.	「私が」今話しています。
13	Are you listening?	聞いていますか？
14	Look out!	気をつけて！
15	Don't do that.	そんなことをしてはいけません。
16	Don't throw things.	物を投げないでください。
17	Don't be mean.	意地悪をしないでください。
18	What are you doing?	何しているの？
19	No excuses.	言い訳はやめましょう。
20	Cut it out.	やめなさい。

Unit 19 ： 手伝いの求めと申し出・配布と回収（p.84）

1	Help me, please.	手伝ってください。
2	Can I help you?	手伝いましょうか？
3	Can you help me with my bag?	かばんを運ぶのを手伝ってくれませんか？
4	Please lend me a hand.	手を貸してください。
5	I need some help.	ちょっと助けてください。
6	I'll help you.	手伝いますよ。
7	I'll do it for you.	手伝ってあげますよ。
8	Do you need any help?	手伝いが必要ですか？
9	Do you want me to help you?	手伝ってほしいですか？
10	I'll give you some worksheets.	プリントを配ります。
11	Take one.	一つとってください。
12	Hand the worksheets to the next person.	プリントを次の人に渡してください。
13	Pass them to the person behind you.	後ろの人に渡してください。
14	Here are the question sheets.	はい、問題用紙です。
15	Here you are.	はい、どうぞ。
16	Does everyone have one?	みなさん、持っていますか？
17	Collect the notebooks from the back.	後ろからノートを集めてください。
18	Pass your sheets forward.	用紙を前に送ってください。

19	Give it to me.	それを私に提出してください。
20	Has everyone turned in their homework?	全員宿題を提出しましたか？

Unit 20 ： 感謝・謝罪 (p.86)

1	Thank you.	ありがとう。
2	Thank you for your help.	手伝ってくれてありがとう。
3	I appreciate your help.	手伝ってくれて感謝します。
4	I'm very thankful.	とても感謝しています。
5	It's very kind of you.	ご親切ありがとうございます。
6	You are so helpful.	とても助かります。
7	You helped me a lot.	とても助かりました。
8	You're great.	あなたのおかげです。
9	I'm much obliged to you.	あなたのおかげでとても助かりました。
10	Your help was very welcome.	手伝ってもらえてとてもよかったです。
11	I owe you big time.	どうもありがとう。
12	I'm sorry.	ごめんなさい。
13	(I'm) Sorry I'm late.	遅くなってごめんなさい。
14	I apologize.	申し訳ありません。
15	Forgive me.	許してください。
16	Excuse me.	すみません。
17	I was wrong.	間違っていました。
18	It's my fault.	私の間違いです。
19	I was careless.	私が不注意でした。
20	You're right.	あなたが正しいです。

Part 2 School English

Unit 21 : 朝の会・帰りの会 (p.90)

1	Today's leaders, please call out the morning greetings.	日直は朝の挨拶のかけ声をお願いします。
2	I'll call the roll.	出席を取ります。
3	You're full of energy.	元気いっぱいですね。
4	Don't forget we're going to have a health check today.	今日は健康診断がありますので、忘れないでください。
5	We have a word of caution for you.	みなさんに一言注意があります。
6	Today's good news is that Aoi gave a junior student a hand.	今日のいい話は、アオイさんが下級生の手助けをしたことです。
7	Everyone, you have all learned a lot this week, too!	みなさん、今週も本当にたくさんのことを学びましたね！
8	Let's check next Monday's class timetable.	来週月曜日の時間割を確認しましょう。
9	Take your indoor shoes home with you.	上履きをおうちに持って帰りましょう。
10	Go straight home after school.	放課後はまっすぐ家に帰りましょう。

Unit 22 : 時間割・授業科目①：国語、社会 (p.96)

1	Check the stroke order of new kanji characters.	新出漢字の書き順を確認してください。
2	Create a haiku using summer season terms.	夏の季語を用いて、俳句を作ってください。
3	Who do you use polite expressions with, your friend or teacher?	友達と先生のどちらに敬語を使いますか？
4	What is Sei Shonagon's major work?	清少納言の代表作は何でしょうか？
5	Make a summary of this character's feelings.	この登場人物の心情を要約してください。
6	Which country's flag is this?	これはどこの国の旗でしょうか？
7	Compare these two tables on vegetable production.	野菜の生産高についての2つの表を比べてください。
8	What is Okinawa's climate like?	沖縄県の気候はどのような感じですか？
9	Can you say when World War II ended?	第二次世界大戦はいつ終わったか言えますか？
10	Say one important thing that Shotoku Taishi achieved.	聖徳太子が成し遂げた重要なことを1つ言ってください。

Unit 23 : 時間割・授業科目②：算数、理科 （p.102）

1	Who can do this calculation? What is 18 plus 25?	誰かこの計算をできますか？ 18＋25は何ですか？
2	Draw a triangle in your notebook.	ノートに三角形を作図してください。
3	Round off 3.141 to one decimal place.	3.141を小数第2位で四捨五入してください。
4	What percentage of people eat rice for breakfast?	何パーセントの人が朝食にご飯を食べていますか？
5	Can anyone explain how to solve this word problem?	誰かこの文章題の解き方を説明してくれませんか？
6	Weigh some of your personal belongings on the scale.	身の回りにある物の重さをはかりで量ってください。
7	We'll conduct an experiment to see how salt dissolves in water.	どのように食塩が水に溶けるか実験してみましょう。
8	If I turn this glass upside down, what will happen?	このコップを逆さまにすると、どうなるでしょうか？
9	Write down what you have observed.	観察したことを書いてください。
10	What materials are attracted by magnets?	どの素材が磁石で引き付けられますか？

Unit 24 : 時間割・授業科目③：音楽、体育 （p.108）

1	We are going to play "The Condor Passes" on the recorder.	リコーダーで「コンドルは飛んでいく」を演奏します。
2	Play the note "do."	「ド」の音を出してください。
3	We'll split into the high-pitched and low-pitched parts to practice.	高音と低音のパートにわかれて練習します。
4	Who wrote the lyrics to "Machibouke"?	誰が「待ちぼうけ」を作詞しましたか？
5	Who composed this music?	誰がこの曲を作曲しましたか？
6	Put the hurdles out on the playground.	運動場にハードルを出してください。
7	For the long jump, the faster you run, the farther you can jump.	走り幅跳びでは、速く走れば走るほど、より遠くに飛べます。
8	Measure how far Minoru jumped.	ミノルさんがどのくらい飛んだか測ってください。
9	Float flat on your front and move your legs up and down.	うつ伏せで水平に浮き、バタ足をしてください。
10	We will time you swimming the front crawl.	みなさんのクロールで泳ぐタイムを計ります。

Unit 25 : 時間割・授業科目④：図工、家庭 （p.114）

| 1 | Prepare a box cutter and some cardboard on the desk. | カッターと段ボールを机の上に準備してください。 |

2	To paint purple, what colors do we mix?	紫色を塗るために、何色の絵の具を混ぜますか？
3	Color the sunflower leaves green with a colored pencil.	色鉛筆でひまわりの葉を緑色に塗ってください。
4	Bend and twist the wire to create a body shape.	針金を曲げたり巻いたりして、体の形を作ります。
5	We will use paper clay to flesh out the wire figure.	針金で作られた人間に、紙粘土を使って肉付けします。
6	We will stitch our initials on a cloth.	布にイニシャルを刺繍します。
7	Let me show you how to use the sewing machine.	私がミシンの使い方をみなさんに見せます。
8	Peel the onions and potatoes, and cut them into chunks.	玉ねぎとジャガイモの皮をむき、ぶつ切りにします。
9	Add the miso paste and stir it in.	味噌を加え、かき混ぜます。
10	Boil the eggs for five minutes.	卵を5分間ゆでます。

Unit 26 ： 給食の時間 （p.120）

1	What's for lunch today?	今日の給食は何ですか？
2	Lunch helpers, get ready to serve the lunch.	給食係の人、昼食の配膳準備をしてください。
3	Would you like a large or small portion of rice?	ごはんは多めがいいですか、少なめがいいですか？
4	Shall we say "Itadakimasu" before our meal?	食事前の「いただきます」をしましょうか？
5	This curry and rice tastes good.	このカレーライスおいしい。
6	Don't spill milk on the table.	牛乳を机の上にこぼさないようにしてください。
7	Does anyone want seconds?	おかわりがいる人はいますか？
8	Don't be picky.	好き嫌いをしないでください。
9	Put your bowl and plate back in the dish basket.	お椀とお皿を食器かごに返却してください。
10	Let's brush our teeth.	歯磨きをしましょう。

Unit 27 ： 掃除の時間 （p.126）

1	Sweep up the trash with a broom.	ほうきでごみを掃いてください。
2	Fill a bucket with water.	バケツに水を入れてください。
3	Wipe the floor with a wet rag.	濡れた雑巾で床を拭いてください。
4	Sweep the dirt into a dustpan.	ごみを掃いてちりとりに入れてください。
5	Tidy the lockers in the back.	後ろのロッカーを整頓してください。
6	Mop the hallway.	廊下をモップがけしてください。
7	Flush the toilet before you clean it.	掃除の前にはトイレの水を流してください。

8	Rub the toilet bowl with the toilet brush.	トイレ用ブラシで便器をこすってください。
9	Vacuum the carpet of the special-purpose room.	特別教室のカーペットに掃除機をかけてください。
10	Throw away the trash into the trash can.	ごみをごみ箱に捨ててください。

Unit 28 ： 学級会・委員会・クラブ活動 （p.132）

1	The class president will lead the meeting.	学級委員長が会の進行役を務めます。
2	What is the topic of today's class meeting?	今日の学級会の議題は何ですか？
3	Be sure to carry out the decisions made at today's meeting.	今日の会で決まったことをしっかり実行するようにしてください。
4	Why don't we brainstorm some ideas?	みんなでアイデアを出し合ってはどうですか？
5	Perhaps the health committee can make a poster.	保健委員会がポスターを作ってもよいかもしれません。
6	We'll discuss those topics in depth at the next meeting.	次の会でそれらの議題について掘り下げて話し合いましょう。
7	Teach the juniors how to grip the racket.	下級生にラケットの握り方を教えてあげてください。
8	Smash the ball as hard as possible.	できる限り強くボールをスマッシュしてください。
9	We'll practice dancing to the rhythm.	リズムに合わせて踊る練習をします。
10	What matters is doing your best.	大切なのはベストを尽くすことです。

Unit 29 ： 入学式・始業式 （p.140）

1	Let's welcome our new students with applause.	新入生を拍手で迎えましょう。
2	I heartily congratulate you on your entrance into this school.	この学校へのご入学を心からお祝いします。
3	I will tell you the do's and don'ts of this class.	このクラスの約束事を言います。
4	To make this a happy class, I want you all to be kind to each other.	ここを楽しいクラスにするために、みなさんお互いに親切にしてください。
5	The motto of this class is "One for all, all for one."	このクラスのモットーは「一人はみんなのために、みんなは一人のために」です。
6	Don't speak ill of others, and don't draw graffiti on school property.	人の悪口を言ったり、学校の備品に落書きをしたりしないでください。
7	The opening ceremony will take place in the gym.	始業式は体育館で行います。
8	I'm glad to see you all again after the summer vacation.	夏休みが終わり、みなさんにまた会えてうれしいです。

| 9 | I'll ask you to make a presentation of your independent research. | みなさんに自由研究の発表をしてもらいます。 |
| 10 | I will announce the seating arrangement for this term. | 今学期の座席をお知らせします。 |

Unit 30 : 季節の行事 （p.146）

1	Golden Week is just around the corner.	もうすぐゴールデン・ウィークです。
2	On Mother's Day, express your appreciation to your mom.	母の日には、お母さんに感謝の気持ちを示してください。
3	Write your wishes on strips of paper.	短冊に願い事を書いてください。
4	We'll go camping in the mountains from the 21st to the 22nd.	21日から22日まで山にキャンプをしに行きます。
5	We celebrate the beauty of the full moon by eating sweet dumplings.	お団子を食べて満月の美しさを祝います。
6	When digging, be careful not to damage the potatoes with your shovel.	掘るときは、スコップでジャガイモを傷つけないように注意してください。
7	Let's decorate our classroom with Christmas ornaments.	クリスマスの飾りで教室を飾りましょう。
8	Elderly people will introduce their traditional New Year's games to you.	お年寄りの人たちが、みなさんに伝統的なお正月の遊びを紹介してくれます。
9	We scatter beans to drive out evil spirits and welcome in good luck.	豆を撒いて、邪気を払い福を招き入れます。
10	We can make some origami dolls of the emperor and the empress.	折り紙でお内裏様とおひな様の人形を作るのはどうでしょう。

Unit 31 : 運動会・合唱コンクール （p.152）

1	Let's do our best to win the championship!	優勝目指して頑張りましょう！
2	We'll march in lines.	整列して行進します。
3	Everyone, cheer for our friends!	みなさん、仲間を応援しよう！
4	You came first in the 100-meter race!	100メートル走で1位になりましたね！
5	The key to jumping long rope successfully is to be of one mind.	大縄跳びがうまくいくコツは心を一つにすることです。
6	As the saying goes, practice makes perfect.	ことわざにあるように、「継続は力なり」です。
7	Sing the climax of the song from your heart.	心を込めて歌のサビを歌ってください。
8	Take a deep breath and step onto the stage.	深呼吸をしてステージに立ってください。
9	I was impressed that everyone sang really well.	みなさんが本当にうまく歌ったことに感動しました。
10	Your daily practice has paid off.	日々の練習の成果がでましたね。

Unit 32 ： 遠足・校外学習・修学旅行 （p.158）

1	Wear long pants so you don't get bitten by insects.	虫に刺されないように、長ズボンを履いてください。
2	The view from the top of the mountain is marvelous!	山頂からの眺めは素晴らしいですよ！
3	The outing was put off to tomorrow because of rain.	遠足は雨で明日に延期になりました。
4	We're here to see how the milk we drink is processed.	ここで私たちが飲む牛乳がどのように作られているのか見学します。
5	Did you understand how the product reaches the consumers?	どのように製品が消費者に届けられるかわかりましたか？
6	We're going to Kyoto on a three-day trip.	2泊3日で京都に行きます。
7	Someone left the school trip booklet here.	誰かここに修学旅行のしおりを置き忘れていました。
8	Lights-out time is at 11:00, and no pillow fights!	消灯時間は11時で、枕投げは禁止です！
9	What souvenirs did you buy?	どんなお土産を買いましたか？
10	The school trip isn't over until you get back home.	家に帰るまでが修学旅行です。

Unit 33 ： 健康診断・身体測定 （p.164）

1	A health check is a good chance to learn about your body.	健康診断はみなさんのからだのことを知る良い機会です。
2	Ask your parents to fill out the medical form before the checkup.	検査の前に問診票をおうちの人に書いてもらってください。
3	Make sure you take a bath the night before.	前日の夜には必ずお風呂に入りましょう。
4	Take off your shoes and socks to have your height measured and be weighed.	靴と靴下を脱いで身長を測り、体重を量りましょう。
5	Stand on the height scale and straighten your back.	身長計に乗って、背筋を伸ばしてください。
6	Are you taller than last year?	去年より身長は伸びましたか？
7	Stay still while you're sitting.	座っている間はじっとしていてください。
8	Put on the headphones and push the button when you hear a sound.	ヘッドホンを着けて、音が聞こえたらボタンを押してください。
9	Point in the direction of the gap in the ring.	輪の切れ目の方を指さしてください。
10	A school dentist will check if you have any cavities.	学校の歯医者さんが虫歯がないかどうかチェックしてくれます。

Unit 34 ： 避難訓練・交通安全教室 （p.170）

1	In today's fire drill, a fire alarm will sound.	今日の火災訓練では、火災警報器が鳴ります。
2	Be calm and follow the evacuation instructions.	落ち着いて避難指示に従ってください。
3	Hold a handkerchief over your mouth.	ハンカチで口を覆ってください。
4	When an earthquake occurs, get under a desk to protect yourself.	地震が起こったら、身を守るために机の下に入ってください。
5	Stay away from windows and falling objects.	窓ガラスや落ちてくるものから離れてください。
6	When the shaking stops, evacuate to a safe area.	揺れが収まったら、安全な場所に避難してください。
7	Get out of the school building and gather in the playground.	校舎から出て、運動場に集まってください。
8	Remember to wear a helmet when riding a bicycle.	自転車に乗るときは忘れずにヘルメットをかぶってください。
9	Bicycles should ride on the left and pedestrians should walk on the right.	自転車は左側を走り、歩行者は右側を歩くべきです。
10	That's a "No Crossing" sign, so you mustn't cross the street here.	それは「横断禁止」の標識なので、ここで道を渡ってはいけません。

Unit 35 ： 終業式・卒業式 （p.176）

1	Listen carefully to the principal's talk at the closing ceremony.	終業式で校長先生のお話をよく聴いてください。
2	I will hand out the report cards individually, so come to the hallway.	通知表をひとりずつ渡しますので、廊下に来てください。
3	You should use SNS carefully so that you don't get into trouble.	面倒なことに遭わないようにSNSの利用には注意しましょう。
4	Think back on all the hard work you have done for the last one year.	この1年間の頑張りを思い返してください。
5	In the farewell party, say thank you to our sixth graders.	送る会では、6年生に感謝の言葉を伝えましょう。
6	We're going to set up the venue for tomorrow's graduation ceremony.	明日の卒業式の会場準備をします。
7	When your name is called, answer in a loud voice.	名前を呼ばれたら、大きな声で返事をしてください。
8	Congratulations on your graduation!	卒業おめでとう！
9	The time spent with all of you was a treasure for me.	みなさんと過ごした時間は私にとって宝物です。
10	Let's take a commemorative photo. Smile and say, "Cheese"!	記念写真を撮りましょう。笑顔で、はい、チーズ！

INDEX

Word List

Unit 21 : 朝の会・帰りの会 (p.94)

1	校章	school badge
2	名札	name tag
3	制帽	school cap
4	制服	school uniform
5	ランドセル	school backpack
6	ティッシュペーパー	tissues
7	ハンカチ	handkerchief
8	水筒	water bottle
9	連絡帳	communication notebook
10	上履き	indoor shoes
11	手提げ袋	carry bag
12	ボールペン	ballpoint pen
13	はさみ	scissors
14	シャープペンシル	mechanical pencil
15	下敷き	pencil board
16	鉛筆削り	pencil sharpener
17	朝の会	morning meeting
18	帰りの会	afternoon meeting
19	休み時間	recess
20	学校のチャイム	school chime
21	日直	today's leader
22	学級日誌	class diary
23	教壇	teacher's platform
24	本棚	bookshelf
25	水槽	fish tank
26	ロッカー	locker
27	掲示板	noticeboard
28	時間割	class timetable
29	扇風機	(electric) fan
30	花瓶	vase

1	国語	Japanese
2	漢字	kanji character
3	ローマ字	Roman letter
4	熟語	idiom
5	敬語	polite expression
6	ことわざ	proverb
7	辞書	dictionary
8	原稿用紙	writing paper
9	書き順	stroke order
10	小説	novel
11	物語	story
12	詩	poem
13	作者	author
14	習字	calligraphy
15	毛筆	brush
16	社会科	social studies
17	歴史	history
18	人口	population
19	農業	agriculture
20	工業	industry
21	貿易	trade
22	経済	economics
23	漁業	fishing industry
24	地球儀	globe
25	都、道、府、県	prefecture
26	世界遺産	World Heritage
27	大陸	continent
28	海	sea/ocean
29	寺	temple
30	神社	shrine

Unit 23 : 時間割・授業科目② : 算数、理科 （p.106）

1	算数	math
2	足す	add/plus
3	引く	subtract/minus
4	掛ける	multify/times
5	割る	divide
6	偶数	even number
7	奇数	odd number
8	分度器	protractor
9	分数	fraction
10	小数	decimal
11	図形	shape
12	球	sphere
13	立方体	cube
14	面積	area
15	体積	volume
16	理科	science
17	電池	battery
18	磁石	magnet
19	電気	electricity
20	自然	nature
21	地球	earth
22	光合成	photosynthesis
23	顕微鏡	microscope
24	虫眼鏡	magnifying glass
25	種	seed
26	細胞	cell
27	気温	temperature
28	水蒸気	moisture
29	酸素	oxygen
30	二酸化炭素	carbon dioxide

1	楽譜	music score
2	歌詞	lyrics
3	音符	note
4	拍子	beat
5	音色	tone
6	旋律	melody
7	メトロノーム	metronome
8	鍵盤ハーモニカ	melodica
9	木琴	xylophone
10	カスタネット	castanets
11	リコーダー	recorder
12	タンバリン	tambourine
13	トライアングル	triangle
14	シンバル	cymbal
15	太鼓	drum
16	体育	P.E. (physical education)
17	体操服	P.E. uniform
18	短距離走	short-distance race
19	長距離走	long-distance race
20	運動場	playground
21	走り幅跳び	long jump
22	鉄棒	horizontal bar
23	マット運動	mat exercise
24	跳び箱	vaulting box
25	縄跳び	jump rope
26	ドッジボール	dodgeball
27	クロール	front crawl
28	平泳ぎ	breast stroke
29	ゴーグル	goggles
30	水着	swimsuit

Unit 25 ： 時間割・授業科目④：図工、家庭 （p.118）

1	図工	arts and crafts
2	絵の具	paint
3	筆	paintbrush
4	パレット	palette
5	クレヨン	crayon
6	画用紙	drawing paper
7	カッターナイフ	box cutter
8	のり	glue
9	セロハンテープ	Scotch tape
10	ホッチキス	stapler
11	段ボール	cardboard
12	木版画	woodblock print
13	粘土	clay
14	彫刻	sculpture
15	のこぎり	saw
16	金づち	hammer
17	家庭科	home economics
18	栄養	nutrition
19	料理用はかり	kitchen scale
20	フライパン	frying pan
21	なべ	pot
22	包丁	kitchen knife
23	まな板	cutting board
24	～を炒める	fry
25	皮をむく	peel
26	～をかき混ぜる	stir
27	～をゆでる	boil
28	針	sewing needle
29	糸	thread
30	ミシン	sewing machine

Unit 26 ： 給食の時間 (p.124)

1	給食	school <u>lunch</u>/<u>meal</u>
2	献立表	menu
3	おはし	chopsticks
4	おたま	ladle
5	お皿	plate
6	お椀	bowl
7	給食用トレー	lunch tray
8	配膳台	dish cart
9	エプロン	apron
10	マスク	mask
11	三角巾	chef's bandana
12	揚げパン	fried dough bread
13	ふりかけ	rice seasoning
14	海苔	dried seaweed
15	目玉焼き	fried egg
16	ぎょうざ	dumpling
17	肉じゃが	meat and potato dish
18	麻婆豆腐	*mapo* tofu
19	コロッケ	croquette
20	豚汁	pork miso soup
21	ゼリー	jelly
22	シチュー	stew
23	ヨーグルト	yogurt
24	おかず	side dish
25	甘い	sweet
26	辛い	spicy
27	苦い	bitter
28	酸っぱい	sour
29	歯ブラシ	toothbrush
30	コップ	cup

Unit 27 ： 掃除の時間 （p.130）

1	掃除	cleaning
2	掃除用具入れ	broom closet
3	ほうき	broom
4	ごみ箱	trash can
5	ちりとり	dustpan
6	〜を捨てる	throw away
7	〜を分別する	separate
8	〜を交換する	replace
9	〜を掃除する	sweep
10	〜を拭く	wipe
11	洗濯バサミ	clothespin
12	タオル	towel
13	雑巾	rag
14	ほこり	dust
15	掃除機	vacuum/vacuum cleaner
16	たわし	scrubbing brush
17	スポンジ	sponge
18	洗剤	detergent
19	石鹸	soap
20	ゴム手袋	rubber gloves
21	ホース	hose
22	バケツ	bucket
23	蛇口	tap
24	手洗い場	hand-washing area
25	〜をこする	rub
26	〜を干す	hang up
27	〜の水を流す	flush
28	汚れ	stain
29	整頓された	tidy
30	散らかった	messy

Unit 28 : 学級会・委員会・クラブ活動 (p.136)

1	学級会	homeroom
2	学級委員長	class president
3	全校集会	school assembly
4	委員会活動	student committee activities
5	児童会	student council
6	委員長	chairperson
7	書記	clerk
8	選挙	election
9	代表委員会	representative committee
10	放送委員会	broadcast committee
11	美化委員会	environment committee
12	図書委員会	school library committee
13	保健委員会	health committee
14	飼育委員会	animal care committee
15	係活動	class monitor duties
16	ボランティア活動	volunteer work
17	生徒指導	student guidance
18	特別活動	special activities
19	道徳	moral education
20	総合的な学習の時間	period for integrated study
21	運動系のクラブ	sports club
22	文化系のクラブ	cultural club
23	吹奏楽クラブ	brass band club
24	科学クラブ	science club
25	将棋クラブ	shogi club
26	手芸クラブ	handicraft club
27	陸上クラブ	track and field club
28	卓球クラブ	table tennis club
29	ソフトボールクラブ	softball club
30	バトミントンクラブ	badminton club

Unit 29 ： 入学式・始業式 (p.144)

1	入学式	entrance ceremony
2	新入生	new student
3	桜	cherry blossom
4	始業式	opening ceremony
5	教科書	textbook
6	転校生	transfer student
7	席替えをする	change seats
8	標語	motto
9	集団登校する	walk to school together
10	集団下校する	walk home from school together
11	新学期	new term
12	新年度	new academic year
13	一学期	first term
14	前期	first semester
15	後期	second semester
16	教育委員会	board of education
17	校長先生	principal
18	教頭先生	vice-principal
19	養護教諭	school nurse/*yogo* teacher
20	学校事務員	school secretary
21	学級担任	homeroom teacher
22	用務員	custodian
23	高学年	higher grade
24	中学年	middle grade
25	低学年	lower grade
26	長期休暇	long vacation
27	絵日記	picture diary
28	読書感想文	book report
29	自由研究	independent research
30	朝顔	morning glory

Unit 30 : 季節の行事 (p.150)

1	学校行事	school event
2	祝祭日	national holiday
3	振替休日	substitute holiday
4	エープリルフールの日	April Fool's Day
5	家庭訪問	home visit
6	憲法記念日	Constitution Day
7	こどもの日	Children's Day
8	教育実習生	student teacher
9	母の日	Mother's Day
10	父の日	Father's Day
11	梅雨	rainy season
12	七夕	Star Festival
13	海の日	Marine Day
14	キャンプ	camping
15	花火	fireworks
16	敬老の日	Respect-for-the-Aged Day
17	授業参観日	parents' day
18	秋分の日	Autumnal Equinox Day
19	お月見	moon viewing
20	文化の日	Culture Day
21	勤労感謝の日	Labor Thanksgiving Day
22	大晦日	New Year's Eve
23	元旦	New Year's Day
24	カルタ大会	*karuta* tournament
25	雪合戦	snowball fight
26	豆まき	bean-throwing/scattering
27	建国記念の日	National Foundation Day
28	天皇誕生日	the emperor's birthday
29	ひな祭り	Dolls' Festival/Girls' Day
30	春分の日	Vernal Equinox Day

Unit 31 : 運動会・合唱コンクール (p.156)

1	運動会	sports day
2	ラジオ体操	radio exercise
3	騎馬戦	mock cavalry battle
4	綱引き	tug-of-war
5	リレー	relay race
6	大玉転がし	ball-rolling race
7	二人三脚	three-legged race
8	赤組と白組	red team and white team
9	障害物競走	obstacle race
10	応援合戦	cheering battle
11	ムカデ競争	centipede race
12	玉入れ	beanbag toss
13	行進曲	march
14	笛	whistle
15	救急箱	first-aid kit
16	ゼッケン	race bib
17	はちまき	headband
18	合唱コンクール	chorus contest
19	指揮者	conductor
20	観客	audience
21	伴奏者	accompanist
22	発声練習	vocal exercise
23	リハーサル	rehearsal
24	ハーモニー	harmony
25	ソプラノ	soprano
26	アルト	alto
27	バス	bass
28	課題曲	set song
29	自由曲	free song
30	深呼吸をする	take a deep breath

Unit 32　遠足・校外学習・修学旅行（p.162）

1	遠足	outing/excursion
2	天気予報	weather forecast
3	雨がっぱ	rainwear
4	傘	umbrella
5	リュックサック	backpack
6	ビニール袋	plastic bag
7	運動靴	sports shoes
8	弁当	lunch box
9	おやつ	snacks
10	虫除け	insect repellant
11	校外学習	field trip
12	酔い止め	motion sickness medicine
13	地元産業	local industry
14	伝統	tradition
15	博物館	museum
16	水族館	acquarium
17	動物園	zoo
18	植物園	botanical garden
19	修学旅行	school trip
20	旅程	program/itinerary
21	しおり	handbook/booklet
22	おこづかい	allowance
23	集合時間	meeting time
24	集合場所	meeting place
25	テーマパーク	theme park
26	観光	sightseeing
27	寝間着	nightwear
28	消灯時間	lights-out time
29	起床時間	wake-up time
30	お土産	souvenir

Unit 33 ： 健康診断・身体測定 （p.168）

1	健康診断	health check
2	身長	height
3	体重	weight
4	舌	tongue
5	胸	chest
6	腕	arm
7	脚	leg
8	足	foot
9	骨	bone
10	心臓	heart
11	おなか	belly
12	尿検査	urine test
13	視力	eyesight
14	体温計	thermometer
15	体温	body temperature
16	保健室	school nurse's office
17	絆創膏	Band-Aid
18	包帯	bandage
19	消毒液	sanitizer
20	車いす	wheelchair
21	松葉杖	crutch
22	頭痛	headache
23	風邪	cold
24	熱	fever
25	くしゃみ	sneeze
26	咳	cough
27	鼻水	runny nose
28	のどの痛み	sore throat
29	虫歯	cavity/decayed tooth
30	熱中症	heatstroke

Unit 34 避難訓練・交通安全教室 （p.174）

1	避難訓練	evacuation drill
2	火災訓練	fire drill
3	防災訓練	disaster drill
4	避難経路	evacuation route
5	避難集合場所	evacuation assembly area/point
6	暴風警報	storm warning
7	緊急	emergency
8	非常口	emergency exit
9	火災警報器	fire alarm
10	緊急連絡先	emergency contact
11	非常食	emergency food
12	地震	earthquake
13	消火器	fire extinguisher
14	懐中電灯	flashlight
15	拡声器	megaphone
16	不審者	suspicious person
17	防犯カメラ	security camera
18	防犯ブザー	security buzzer
19	見回り	patrol
20	交通安全教室	road safety class
21	歩行者	pedestrian
22	交通標識	traffic sign
23	横断禁止	No Crossing
24	横断歩道	pedestrian crossing
25	歩道	sidewalk
26	踏切	railroad crossing
27	交差点	crossroad/intersection
28	信号機	traffic light
29	横断旗	crossing flag
30	右側通行する	keep right

Unit 35 ： 終業式・卒業式 (p.180)

1	卒業式	graduation ceremony
2	卒業証書	graduation certificate
3	賞状筒	certificate tube
4	校歌	school song
5	国歌	national anthem
6	国旗	national flag
7	卒業予定者	graduating student
8	卒業生	graduate
9	在校生	current student
10	来賓	guest
11	保護者	parents and guardians
12	PTA	Parent Teacher Association
13	上級生	senior
14	下級生	junior
15	卒業文集	graduation essay
16	卒業アルバム	graduation yearbook
17	(卒業)寄せ書き	(graduation) message card
18	感謝の言葉	gratitude
19	花束	bouquet
20	記念写真	commemorative photo
21	駐車場	parking lot
22	垂れ幕	banner
23	送る会	farewell party
24	終業式	closing ceremony
25	通知表・通信簿	report card
26	学級通信	classroom newsletter
27	所持品	belongings
28	廊下	hallway
29	進級する	move up a grade
30	クラス替えをする	be put into a new class

執筆者一覧：「小学校英語：私の思い・視点」

本書執筆者のプロフィールと本書に込めた思いや小学校英語に対する視点をご紹介します（五十音順）。

市川卓奈 （執筆担当：Part1 Unit 4; Part 2 Unit 25）

愛知教育大学附属岡崎小学校教諭。教員11年目。2022年附属岡崎小学校着任。2013年愛知教育大学大学院修士課程修了。

子どもたちの「伝えたい」という思いを大切にしながら、コミュニケーションを豊かにすることができるように実践を進めています。本書が、子どもたちや先生方の身近な「学校生活」から異文化に目を向けることにつながるきっかけとなれば幸いです。

小塚良孝 （編集担当、執筆担当：Part 1 Unit 8; Part 2 Unit 29）

愛知教育大学外国語教育講座教授。2008年同大学着任。2004年大阪大学大学院言語文化研究科博士後期課程修了。博士（言語文化学）。専門分野は英語史・英語学。

言語は貴重な文化遺産です。英語は運用面が重視されがちですが、特に学び始めの小学校においては背景の歴史文化にも目を向け、言語観を豊かにしてもらいたいと考えています。本書もその思いを込めて作成しました。

田口達也 （編集担当、執筆担当：Part 1 Unit 7, Unit 11, Unit 16; Part 2 Unit 21, Unit 26）

愛知教育大学外国語教育講座教授。2011年同大学着任。2010年英国ノッティンガム大学大学院修了。Ph.D. in English。専門分野は応用言語学（言語教育）。

児童や教員にとって、学校は日常生活の多くを占めます。そのため、学校での活動は日々の会話の源になり、興味関心の宝庫となります。日々のことを英語でどのように言うのか、本書が英語の「実用的好奇心」を満たす一助になればと思います。

犬塚章夫 （執筆担当：Part1 Unit 5, Unit 14; Part 2 Unit 27）

愛知教育大学外国語教育講座教授。公立中学校英語教員、愛知県総合教育センター研究指導主事、公立小学校教頭、校長を経て、2022年愛知教育大学着任。専門分野は小学校英語。

小学校の外国語活動・外国語の授業では、子どもたちの興味に合わせ様々な英単語や表現を扱います。小学校英語専科の先生方、授業を行う担任の先生方が、授業の中で楽しんで英語を使うために本書を活用していただければと思います。

杉山貴哉 （執筆担当：Part 1 Unit 3; Part 2 Unit 24）

愛知教育大学附属岡崎小学校教諭。2021年愛知教育大学教職大学院修了。教員14年目。2021年附属岡崎小学校着任。研究部として、問題解決学習における英語科の実践を進める。

子どもたちが外国の人との交流を通して気づいたことをもとに、コミュニケーションスキルを拡げることができるように実践を進めています。子どもたちが言語の違いに目を向け、関心を高めることができるように、本書を活用していただければ幸いです。

建内高昭 （執筆担当：Part 1 Unit 9, Unit 17, Unit 18; Part 2 Unit 30）

愛知教育大学外国語教育講座教授。2003年同大学着任。1994年筑波大学大学院教育研究科修了。専門分野は応用言語学・英語教育学。

児童が達成感を持てる英語授業のあり方に興味を持ち、試行錯誤しています。Baby steps to the journey of a thousand miles!

立石 豊 （執筆担当：Part 1 Unit 2; Part 2 Unit 23）

愛知教育大学附属名古屋小学校教諭。教員18年目。2018年附属名古屋小学校着任。帰国部長として、帰国児童学級部を統括する傍ら、外国語活動・外国語の実践研究を行う。

小学校外国語活動・外国語の授業では、教師がmodel learnerとして、「英語を使って主体的にコミュニケーションを図ろうとする」姿勢を児童に見せることが大切だと考えます。本書がその一助となれば幸いです。

平沼公子 （執筆担当：Part 1 Unit 12; Part 2 Unit 32, Unit 34）

愛知教育大学外国語教育講座准教授。2022年同大学着任。2014年筑波大学大学院人文社会科学研究科一貫制博士課程修了。博士（文学）。専門分野はアメリカ文学。

何かを伝える時に日本語と英語では表現の仕方が異なることを、「難しい」のではなく「おもしろい」と感じられると、英語との距離はぐっと縮まります。本書には、実用的でありつつも子どもたちの関心を引く表現を取り入れました。

松井孝彦 （執筆担当：Part 1 Unit 6, Unit 15; Part 2 Unit 28）

愛知教育大学教育学研究科教授。国公立中学・高校の教員を経て、2015年愛知教育大学着任。修士（学校教育学）。専門分野は外国語教育。

児童との対話だけではなく、ALTとの対話の中で、本書に掲載されている表現が活用されれば、とてもうれしく思います。

道木一弘 （執筆担当：Part 1 Unit10, Unit 19, Unit 20; Part 2 Unit 31）

愛知教育大学外国語教育講座教授。1988年同大学着任。1985年広島大学大学院文学研究科博士課程前期修了。博士（文学）。専門分野はイギリス・アイルランド文学。

言葉は身体化されたとき、初めて命を吹き込まれ、生きた「ことば」になります。簡単な表現でも日々の授業の中で活用し使いこなすことで、英語が文字通り「身に付く」こと。それがこのテキストの目指すところです。

福田泰久 （執筆担当：Part 1 Unit 13; Part 2 Unit 33, Unit 35）

愛知教育大学外国語講座講師。2015年同大学着任。2005年広島大学大学院人文学研究科博士後期課程修了。博士（文学）。専門分野はイギリス文学。

豊かな、「ことば」への気づきは母語と外国語の効果的な運用を可能にします。本書がそうした気づきを児童に促す一助となれば幸いです。

山田泰弘 （執筆担当：Part 1 Unit 1; Part 2 Unit 22）

愛知教育大学附属名古屋小学校教諭。教員10年目。2020年附属名古屋小学校着任。2013年愛知教育大学大学院修士課程修了。修士（教育学）。

子どもたちが英語でコミュニケーションをするなかで生まれる、「言いたいけれど、言えなかったこと」に着目し、授業研究をしています。「この表現、どう言えばいいのだろう」という疑問から本書を手に取り、授業で活用していただけますと幸いです。

James Venema （英文チェック担当）

James Venema has been teaching English in Japan for more than 25 years. Currently he is an associate professor in the English teaching course at Aichi University of Education.

Language is the key that opens many doors.

小学校の先生のための
英語基本フレーズ
400

書名	小学校の先生のための英語基本フレーズ 400
発行日	2024 年 3 月 18 日（初版）

著作・編集	愛知教育大学外国語教育講座（代表：田口達也、小塚良孝）
編集協力	市川順子、平野琢也
英文校正	Peter Branscombe、Margaret Stalker、James Venema
アートディレクション	細山田光宣
デザイン	小野安世（細山田デザイン事務所）
イラスト	伊津野妙子、池田蔵人
ナレーション	Carolyn Miller、Howard Colefield
録音・編集	一般財団法人英語教育協議会
DTP	株式会社創樹
印刷・製本	シナノ印刷株式会社
発行者	天野智之
発行所	株式会社アルク
	〒 102-0073 東京都千代田区九段北 4-2-6 市ヶ谷ビル
	Website：https://www.alc.co.jp/

地球人ネットワークを創る

アルクのシンボル
「地球人マーク」です。

■ 参考文献　本書執筆にあたり、多くの書籍を参照しました。以下は主なものです。

ウィップル道子・ウィップルアダム（2021）『小学校の英語授業
　フレーズ 3000』明日香出版社.

向後秀明・土屋佳雅里・クマザワジョージ・菅井幸子（2019）『小
　学校教室英語ハンドブック』光村図書.

小西友七・南出康世（編）（2001）『ジーニアス英和大辞典』. 大
　修館書店.

高梨庸雄・小野尚美・土屋佳雅里・田縁眞弓（2016）『教室英語
　ハンドブック』研究社.

小野昭一（編）（2019）『児童・生徒・教師のためのクラスルーム・

イングリッシュ』考古堂書店.

文部科学省（2017）『小学校外国語活動・外国語研修ガイドブッ
　ク』文部科学省.

山崎祐一（2017）『先生のための授業で 1 番よく使う英会話：ミ
　ニフレーズ 300』J リサーチ出版.

山田暢彦（2017）『その「ひとこと」が言いたかった！ 小学校
　の先生のための Classroom English』東洋館出版社.

吉田研作（監修）（2007）『3 語でできる！ 小学校の教室英語フ
　レーズ集』アルク.